Guttentag'sche Sammlung
Nr. 13. Deutscher Reichsgesetze. Nr. 13.
Text-Ausgaben mit Anmerkungen.

Konkursordnung

mit

Einführungsgesetz,
Nebengesetzen und Ergänzungen.

Text-Ausgabe mit Anmerkungen und Sachregister

von

R. Sydow.

Fünfte vermehrte Auflage.

Berlin.
J. Guttentag, Verlagsbuchhandlung.
1892.

Abkürzungen.

C.P.O.	bedeutet	Civilprozeßordnung.
E.G.	„	Einführungsgesetz.
G.K.G.	„	Gerichtskostengesetz.
G.O. f. R.A.	„	Gebührenordnung für Rechtsanwälte.
G.V.G.	„	Gerichtsverfassungsgesetz.
H.G.B.	„	Allgemeines Deutsches Handelsgesetzbuch.
K.O.	„	Konkursordnung.
Mot.	„	Motive zu dem Entwurfe einer Konkursordnung und dem Entwurf des Einführungsgesetzes (Drucksachen des Deutschen Reichstages: II. Legislatur-Periode, II. Session 1874 Nr. 200).
Pr.	„	Protokolle der zur Vorberathung der Konkursordnung und des Einführungsgesetzes gewählten Kommission des Deutschen Reichstags.
Rassow u. Küntzel	„	Beiträge zur Erläuterung des deutschen Rechts, begründet von Gruchot, herausgegeben von Rassow u. Küntzel, bis einschl. Bd. XXXV.
R.G.B.	„	Reichsgesetzblatt.
R.G.	„	Entscheidungen des Reichsgerichts in Civilsachen. Herausgegeben von den Mitgliedern des Gerichtshofes. Bd. I—XXVII.
R.G.	„	Entscheidungen des Reichsgerichts in Strafsachen. Herausgegeben von den Mitgliedern des Gerichtshofes. Bd. I—XXI.
St.G.B.	„	Strafgesetzbuch für das Deutsche Reich.
St.P.O.	„	Strafprozeßordnung.
W.O.	„	Allgemeine Deutsche Wechselordnung.

Inhalt.

Ueberblick.

I. Die Auseinandersetzung des zahlungsunfähigen Schuldners mit seinen Gläubigern erfolgt unter richterlicher Leitung nach den Vorschriften der Konkursordnung.

Das Konkursverfahren umfaßt das gesammte, der Zwangsvollstreckung unterliegende Vermögen, welches dem Gemeinschuldner zur Zeit der Eröffnung des Verfahrens gehört (Konkursmasse). Dies Vermögen dient zur gemeinschaftlichen Befriedigung aller persönlichen Gläubiger, welche einen zur Zeit der Eröffnung begründeten vermögensrechtlichen Anspruch an den Gemeinschuldner haben (Konkursgläubiger).

Das Amtsgericht, bei welchem der Gemeinschuldner seinen allgemeinen Gerichtsstand hat, ist für das Konkursverfahren ausschließlich zuständig. Das Gericht eröffnet das Verfahren nach Anhörung des Gemeinschuldners durch Beschluß, sobald es die Ueberzeugung von dessen Zahlungsunfähigkeit erlangt und der Gemeinschuldner oder einer seiner Gläubiger auf Eröffnung anträgt. Es kann zur Vorbereitung des Eröffnungsbeschlusses Ermittelungen anordnen und vorläufige Sicherheitsmaßregeln treffen; zu diesen gehört der Erlaß eines allgemeinen Veräußerungsverbots. Der

Eröffnungsantrag kann abgelehnt werden, wenn eine den Kosten des Verfahrens entsprechende Masse nicht vorhanden ist.

Mit dem Eröffnungsbeschluß verbindet das Gericht den Erlaß des offenen Arrestes und die Ernennung des Konkursverwalters, geeigneten Falls auch die Bestellung eines Gläubigerausschusses. Das Verwaltungs- und Verfügungsrecht über das zur Konkursmasse gehörige Vermögen geht von dem Gemeinschuldner auf den Konkursverwalter über. Eine vom Gericht bei der Eröffnung des Verfahrens berufene Versammlung der Gläubiger beschließt über die Wahl eines andern Verwalters: das Gericht kann dessen Ernennung versagen. Sie kann ferner dem Verwalter zu dessen Unterstützung und Ueberwachung einen Gläubigerausschuß an die Seite setzen.

Der Konkursverwalter nimmt das zur Masse gehörige Vermögen des Gemeinschuldners in Besitz und Verwaltung. Er kann dasselbe siegeln lassen, zeichnet es unter der Angabe des Werthes auf, fertigt ein Inventar und eine Bilanz und kann vom Gemeinschuldner die Leistung des Offenbarungseides fordern. Aus der Konkursmasse sondert der Verwalter die dem Gemeinschuldner nicht gehörigen Gegenstände aus (§§ 35—38). Die Verwerthung derjenigen Gegenstände, aus deren Erlös Pfandgläubiger und Gleichgestellte abgesonderte Befriedigung zu fordern befugt sind (§§ 39—45), kann er den Absonderungsberechtigten überlassen. Alle übrigen zur Konkursmasse gehörigen Gegenstände verwerthet der Verwalter durch freihändigen Verkauf: Immobilien werden im Wege der Zwangsversteigerung veräußert, wenn nicht der Gläubigerausschuß und in dessen Ermangelung die Gläubigerversammlung den Verkauf aus freier Hand gestattet. Die Verwerthung beginnt in der Regel nach Abhaltung des allgemeinen Prüfungstermins. — Der Verwalter wickelt ferner die schwebenden Rechtsgeschäfte des Gemeinschuldners ab. Er ist berechtigt, in zweiseitige Verträge, die noch nicht vollständig erfüllt sind, einzutreten, dieselben vollständig zu erfüllen und auch vom andern Theil Erfüllung zu fordern. Tritt er nicht ein, so steht dem andern Theil nur ein Entschädigungsanspruch als Konkursgläubiger zu (§§ 15—21). Gewisse Gattungen zweiseitiger Verträge (§§ 17, 19) gehen von selbst auf den Verwalter über und können von ihm erst nach erfolgter Kündigung gelöst werden. Endlich macht der Verwalter diejenigen Rechtshandlungen des Gemeinschuldners durch Anfechtung rückgängig, welche letzterer zur Benachtheiligung seiner Gläubiger vorgenommen hat, sofern bei deren Vornahme der andere Theil von der bereits erfolgten Zahlungseinstellung Kenntniß hatte, oder von der Absicht des Gemeinschuldners, die übrigen Gläubiger zu benachtheiligen, wußte, oder endlich, sofern es sich um Freigebigkeiten handelt (§§ 22—34).

Der Erlös derjenigen Gegenstände, welche den Absonderungsberechtigten haften, fließt, soweit er nicht zu deren Befriedigung erforderlich ist, zur Masse. Die abgesonderte Befriedigung erfolgt unabhängig vom Konkursverfahren. Den Absonderungsberechtigten ähnlich werden die Gläubiger behandelt, denen Gegenforderungen an die Masse oder an den Gemeinschuldner zustehen: sie können sich außerhalb des Konkursverfahrens durch Aufrechnung befriedigen (§§ 46--49).

Der durch Verwerthung der Konkursmasse nach obigen Grundsätzen erzielte Erlös bildet die Theilungsmasse: sie wird nach Berichtigung der durch das Verfahren entstandenen Massekosten und Masseschulden (§§ 50—53) unter die Konkursgläubiger vertheilt. Bevorrechtigt sind fünf Klassen: a. Lidlöhner, b. Reichs-, Staatskasse und Kommunalverbände wegen rückständiger öffentlicher Abgaben, c. Kirchen, Schulen und öffentliche Verbände wegen rückständiger Abgaben und Leistungen, d. Medizinalpersonen, e. Kinder und Pflegebefohlene. Alle übrigen Gläubiger nehmen zu gleichen Rechten Theil.

Die Feststellung der Konkursforderungen (Schuldenmasse) erfolgt auf Grund schriftlicher Anmeldung nach Verhandlung in dem bei der Eröffnung des Verfahrens vom Gericht anberaumten allgemeinen Prüfungstermin. Widerspricht der Verwalter oder ein Konkursgläubiger der Feststellung, so ist es Sache des anmeldenden Gläubigers, diese im Wege des ordentlichen Prozesses, außerhalb des Konkursverfahrens, gegen den Widersprechenden zu betreiben. Unterläßt er dies, so findet er ebensowenig bei der Vertheilung Berücksichtigung, als wenn er seine Forderung nicht angemeldet hätte. Insofern kann eine thatsächliche Ausschließung von Konkursgläubigern eintreten: eine rechtliche Präklusion in dem Sinne, daß Gläubiger, die ihre Forderungen nicht binnen einer bestimmten Frist anmelden oder im Prozeßwege geltend machen, des Rechts auf Theilnahme am Konkursverfahren verlustig gehen, findet nicht statt.

Absonderungsberechtigte, welche persönliche Gläubiger des Gemeinschuldners sind, können in Höhe ihres nachweislichen Ausfalls, Gläubiger, welche von der Befugniß zur Aufrechnung Gebrauch machen, in Höhe des dadurch nicht gedeckten Betrages, am Konkursverfahren Theil nehmen.

Sobald nach dem allgemeinen Prüfungstermin hinreichende baare Masse vorhanden ist, nimmt der Verwalter eine Abschlagsvertheilung vor. Er macht seine Absicht, die Summe der angemeldeten Forderungen und den verfügbaren Massebestand öffentlich bekannt und setzt eine Ausschlußfrist fest. Ein Verzeichniß der zu berücksichtigenden Forderungen legt er auf der Gerichtsschreiberei aus. Außer den Gläubigern, deren Forderungen festgestellt sind, werden bei der Vertheilung nur diejenigen berücksichtigt, welche innerhalb der Ausschlußfrist nachweisen, daß sie die Feststellungsklage erhoben haben. Nach Ablauf der Ausschlußfrist berichtigt der Verwalter sein Verzeichniß, setzt, wenn binnen einer Woche kein Widerspruch gegen das Verzeichniß erfolgt, den Prozentsatz fest und vertheilt.

In gleicher Weise erfolgt nach beendigter Verwerthung der Masse mit Genehmigung des Gerichts die

Schlußvertheilung auf Grund des Schlußverzeichnisses, über welches im Schlußtermin verhandelt wird. Der Verwalter legt der Gläubigerversammlung und dem Gemeinschuldner die Schlußrechnung.

Nach dem Schlußtermin beschließt das Gericht die Aufhebung des Konkursverfahrens.

Der Erlös nachträglich sich ergebender Vermögensstücke, welche zur Konkursmasse gehören, unterliegt der Nachtragsvertheilung: dieselbe erfolgt auf Grund des Schlußverzeichnisses.

Das Konkursverfahren kann ferner durch Zwangsvergleich die Endschaft erreichen. Der vom Gemeinschuldner eingereichte Zwangsvergleichsvorschlag, welcher die Art der Befriedigung und Sicherstellung der Gläubiger angeben muß, wird nach summarischer Vorprüfung durch das Gericht im Vergleichstermine der Abstimmung durch die versammelten Gläubiger unterstellt. Er gilt als angenommen, wenn die Mehrzahl der erschienenen Gläubiger sich für ihn erklärt und die Forderungen der Zustimmenden mindestens drei Viertel der Gesammtsumme aller stimmberechtigten Gläubiger ausmachen. Der Zwangsvergleich unterliegt der Bestätigung durch das Konkursgericht. Dieselbe darf nur aus einer beschränkten Zahl von Gründen (§§ 172, 173) versagt werden. — Der rechtskräftige Vergleich kann wegen Betruges angefochten werden: er wird aufgehoben durch Verurtheilung des Gemeinschuldners wegen betrüglichen Bankerutts: in letzterem Falle wird auf Antrag das Konkursverfahren wieder aufgenommen.

Eine Einstellung des Verfahrens findet statt, wenn alle angemeldeten Gläubiger darauf antragen oder wenn sich ergiebt, daß eine den Kosten des Verfahrens entsprechende Masse nicht vorhanden ist.

Einige besondere Bestimmungen (§§ 193, 194, 198 bis 208) betreffen das Konkursverfahren über das Vermögen von Handelsgesellschaften, über einen erblosen oder mit der Rechtswohlthat des Inventars angetretenen Nachlaß, endlich den Partikularkonkurs über das inländische Vermögen von Schuldnern, welche im Deutschen Reiche keinen allgemeinen Gerichtsstand haben. Die Besonderheiten des Konkursverfahrens gegen Genossenschaften sind jetzt durch das R.Ges. v. 1./5. 89 (R.G.B. 55) neu geregelt.

II. Die Faktoren, durch deren Zusammenwirken sich das Konkursverfahren vollzieht, sind hiernach: das Konkursgericht, der Gemeinschuldner, der Konkursverwalter, die Konkursgläubiger. Ihre Funktionen sind in folgender Weise bestimmt:

1. Das Konkursgericht. In seiner Hand liegt die Leitung des Verfahrens: es beschließt über dessen Eröffnung und Wiederaufnahme, Aufhebung und Einstellung: es bestimmt die Anmeldefrist und die Termine, beruft und leitet die Gläubigerversammlungen, veranlaßt die Zustellungen und die Bekanntmachungen. Es ist befugt, alle das Verfahren betreffenden Verhältnisse durch Ermittelungen aufzuklären, vorläufige Sicherheitsmaßregeln zu treffen, die Haft des Gemeinschuldners, die Beschlagnahme der an ihn gerichteten Sendungen, Briefe und Depeschen anzuordnen: es erläßt den offenen Arrest. Der

Gemeinschuldner darf sich von seinem Wohnsitz nur mit Erlaubniß des Gerichts entfernen. Ferner ernennt das Gericht den Konkursverwalter: es beaufsichtigt die Gesetzmäßigkeit seiner Handlungen, kann Ordnungsstrafen gegen ihn festsetzen, ihn entlassen. Es setzt die Gebühren des Verwalters fest. Bei der Eröffnung des Verfahrens kann es einen Gläubigerausschuß einsetzen, bis zur ersten Gläubigerversammlung dessen Mitglieder entlassen. Die Gebühren des Gläubigerausschusses bestimmt es in Streitfällen: auf erhobenen Widerspruch setzt es das Stimmrecht der noch nicht festgestellten, der absonderungsberechtigten und der aufschiebend bedingten Forderungen fest. In Ermangelung eines Gläubigerausschusses kann es dem Verwalter die Aufzeichnung des zur Masse gehörigen Vermögens erlassen, auch dem Gemeinschuldner bis zur ersten Gläubigerversammlung nothdürftigen Unterhalt aus der Masse bewilligen. Die Vornahme gewisser wichtiger Rechtshandlungen (§§ 121, 122) kann es dem Verwalter auf Antrag des Gemeinschuldners bis zur Beschlußfassung durch die Gläubigerversammlung untersagen. Es hat auf Antrag die Ausführung von Beschlüssen der Gläubigerversammlung zu verbieten, welche dem gemeinsamen Interesse der Konkursgläubiger widersprechen. Das Gericht kann den Verwalter ermächtigen, unabhängig von den Vertheilungen die bevorrechtigten Gläubiger zu befriedigen: es entscheidet über Einwendungen gegen das der Vertheilung zu Grunde liegende Gläubigerverzeichniß: es kann die Aussetzung von Abschlagsvertheilungen wegen schwebender Zwangsvergleichsverhandlungen anordnen: die Vornahme der Schlußvertheilung hängt von seiner Genehmigung ab. Es bestimmt über die Hinterlegung der bei der Schlußvertheilung zurückzubehaltenden Beträge. Die Nachtragsvertheilung geschieht auf seine Anordnung. — Der Zwangsvergleich unterliegt seiner Vorprüfung und seiner Bestätigung.

Gegen Entscheidungen des Gerichts findet das Rechtsmittel der sofortigen Beschwerde statt.

2. Der Gemeinschuldner. Er kann auf Eröffnung des Konkursverfahrens antragen. Vor der Eröffnung ist er zu hören: gegen den Eröffnungsbeschluß steht ihm die sofortige Beschwerde zu. Er muß Auskunft über alle das Verfahren betreffenden Verhältnisse geben, eine Ueberšicht der Vermögensmasse, sowie ein Verzeichniß seiner Gläubiger und Schuldner einreichen. Bei der Vermögensaufzeichnung ist der Gemeinschuldner zuzuziehen. Er kann die Einsicht der beschlagnahmten Sendungen, Briefe und Depeschen verlangen, auch deren Herausgabe, wenn ihr Inhalt nicht die Masse betrifft. Beabsichtigt der Verwalter die Vornahme gewisser wichtiger Rechtshandlungen (§§ 121, 122), so hat er dem Gemeinschuldner davon Mittheilung zu machen. Dieser kann bei Gericht auf vorläufige Untersagung der Rechtshandlung antragen. Im Prüfungstermin hat er sich über die angemeldeten Forderungen zu erklären. Er kann einen Zwangsvergleich vorschlagen, und, sobald er dies gethan, auf Aussetzung der Abschlagsvertheilung antragen. Ihm steht der Antrag

auf Verbindung des Vergleichstermins mit dem allgemeinen Vergleichstermin, ferner der Antrag auf Einstellung des Verfahrens zu. Er ist befugt, die Schlußrechnung des Verwalters zu bemängeln.

3. Der Konkursverwalter. Er übt das Verwaltungs- und Verfügungsrecht des Gemeinschuldners über das zur Masse gehörige Vermögen aus. Er kann die schwebenden Prozesse des Gemeinschuldners aufnehmen, in zweiseitige Verträge, die noch nicht vollständig erfüllt sind, eintreten, dieselben kündigen, Rechtshandlungen des Gemeinschuldners anfechten. Er hat das zur Masse gehörige Vermögen in Besitz und Verwaltung zu nehmen, kann es siegeln lassen, hat es aufzuzeichnen, ein Inventar und eine Bilanz zu fertigen. Er kann von dem Gemeinschuldner Auskunft über alle das Verfahren betreffenden Verhältnisse fordern und darf die beschlagnahmten Sendungen, Briefe und Depeschen an den Gemeinschuldner eröffnen. Er kann vom Gemeinschuldner die Leistung des Offenbarungseides fordern. Der Verwalter verwerthet die Masse, er kann auch die Veräußerung der den Absonderungsberechtigten haftenden Gegenstände verlangen. Zur Vornahme gewisser wichtiger Rechtshandlungen (§§ 121, 122) bedarf der Verwalter die Genehmigung des Gläubigerausschusses oder der Gläubigerversammlung. Die Quittungen des Verwalters über den Empfang von Geldern u. dgl. von der Hinterlegungsstelle, desgleichen seine Anweisungen auf diese, bedürfen der Mitzeichnung durch ein Mitglied des Gläubigerausschusses. Der Verwalter

kann der Feststellung der angemeldeten Forderungen widersprechen, auch durch seinen Widerspruch die Entscheidung des Gerichts darüber herbeiführen, ob und wieweit die nicht festgestellten, absonderungsberechtigten oder aufschiebend bedingten Forderungen ein Stimmrecht gewähren. — Aus dem durch Verwerthung der Masse erzielten Erlöse kann er mit Genehmigung des Gläubigerausschusses, und, wenn ein solcher nicht bestellt ist, des Gerichts, vorläufig dem Gemeinschuldner nothdürftigen Unterhalt gewähren. Er befriedigt unabhängig von den Verhandlungen die Massegläubiger und, mit Genehmigung des Gerichts, die bevorrechtigten Konkursgläubiger. — Er macht mit Genehmigung des Gläubigerausschusses, und bei der Schlußvertheilung mit der des Gerichts, die Absicht zu vertheilen, den verfügbaren Massebestand und die zu berücksichtigenden Forderungen bekannt, setzt die Ausschlußfrist fest, stellt das der Vertheilung zu Grunde zu legende Verzeichniß auf und berichtigt es, soweit die Erhebung von Feststellungsklagen nachgewiesen wird. Für die Abschlagsvertheilungen bestimmt er in Ermangelung eines Gläubigerausschusses den zu zahlenden Prozentsatz. Die bei der Schlußvertheilung zurückzubehaltenden Beträge hinterlegt der Verwalter nach Anordnung des Gerichts. — Der Verwalter kann auf Zurückweisung des Zwangsvergleichsvorschlags im Stadium der Vorprüfung antragen. Vor der Bestätigung des Zwangsvergleichs ist er zu hören.

Der Verwalter steht nur unter der Aufsicht des Gerichts. Der Gläubigerausschuß hat ihn zwar zu überwachen, kann seine Bücher und Schriften einsehen und den Bestand seiner Kasse untersuchen; auch hat der Verwalter ihm und der Gläubigerversammlung Bericht zu erstatten und Rechnung zu legen. Einen maßgebenden Einfluß auf die Handlungen des Verwalters aber dürfen Gläubigerausschuß und Gläubigerversammlung nur da üben, wo ausdrücklich ihre Zustimmung erfordert ist.

Der Verwalter ist befugt, die Einberufung einer Gläubigerversammlung zu verlangen: er kann bei Gericht darauf antragen, daß die Ausführung ihrer Beschlüsse untersagt werde, wenn der Beschluß dem gemeinsamen Interesse der Konkursgläubiger widerspricht.

Für seine Geschäftsführung erhält der Verwalter eine vom Gerichte festzusetzende Vergütung.

4. Die Konkursgläubiger. Sie wirken bei dem Konkursverfahren mit: als einzelne, durch den Gläubigerausschuß und in der Gläubigerversammlung.

Der einzelne Gläubiger kann den Antrag auf Eröffnung des Konkursverfahrens stellen und den abweisenden Beschluß durch sofortige Beschwerde anfechten. Er kann auf Entscheidung des Gerichts darüber antragen, ob und wieweit die nicht festgestellten, die absonderungsberechtigten und die aufschiebend bedingten Forderungen zum Stimmen in der Gläubigerversammlung berechtigen. Er ist befugt, bei Gericht darauf anzutragen, daß die Ausführung von Beschlüssen der Gläubigerversammlung als dem gemeinsamen Interesse der Konkursgläubiger widersprechend untersagt werde. Er hat ein Recht zum Widerspruch gegen die Prüfung solcher Forderungen, die erst nach Ablauf der Anmeldefrist angemeldet sind: der Feststellung angemeldeter Forderungen kann er widersprechen. Ihm steht die Erhebung von Einwendungen gegen das der Vertheilung zu Grunde liegende Verzeichniß zu. Der nicht bevorrechtigte Konkursgläubiger kann auf Verwerfung des Zwangsvergleichs bei Gericht antragen und den rechtskräftigen Zwangsvergleich wegen Betrugs anfechten: er kann den Antrag auf Anordnung von Sicherheitsmaßregeln stellen, wenn die rechtskräftige Verurtheilung des Gemeinschuldners wegen betrüglichen Bankeruttes und daher die Unwirksamkeit des Zwangsvergleichs bevorsteht. Im Falle der Unwirksamkeit kann er Wiederaufnahme des Verfahrens fordern. Der Einstellung des Verfahrens kann er widersprechen: er ist befugt, die Schlußrechnung des Verwalters zu bemängeln. — Fünf Gläubiger, deren Forderungen ein Fünftel der Schuldenmasse erreichen, können Berufung der Gläubigerversammlung verlangen.

Der Gläubigerausschuß, dessen Bestellung fakultativ ist, wird von der Gläubigerversammlung gewählt. Die Mitglieder des Gläubigerausschusses sind Bevollmächtigte der Gläubigerversammlung. Nur vor der ersten Gläubigerversammlung und nur vorläufig kann das Gericht einen Gläubigerausschuß einsetzen; es kann die Bestellung widerrufen. Die Mitglieder des Gläubigerausschusses unterstützen und überwachen den Verwalter, können seine Bücher und Schriften einsehen, von ihm Bericht über seine Geschäftsführung und über die Lage der Sache verlangen. Ein Mitglied muß allmonatlich den Bestand der Kasse des Verwalters untersuchen: ein Mitglied hat die Quittungen des Verwalters über den Empfang von Geldern u. dgl. von der Hinterlegungsstelle und seine Anweisungen auf diese mitzuzeichnen. Der Gläubigerausschuß kann auf Entlassung des Verwalters antragen: er kann dem Verwalter die Aufzeichnung des zur Masse gehörigen Vermögens erlassen: er beschließt vorläufig über die Schließung oder Fortführung des Geschäfts des Gemeinschuldners und die Hinterlegung der Gelder. Seiner Genehmigung bedarf es zur vorläufigen Gewährung des nothdürftigen Unterhalts an den Gemeinschuldner, zur Vornahme gewisser wichtiger Rechtshandlungen (§§ 121, 122) durch den Verwalter, zur Vornahme von Vertheilungen; er bestimmt den bei Abschlagsvertheilungen zu zahlenden Prozentsatz. Er kann auf Zurückweisung des Zwangsvergleichs im Stadium der Vorprüfung antragen, hat sich über dessen Annehmbarkeit zu erklären und ist vor dessen Bestätigung zu hören. Er kann beantragen, daß der Vergleichstermin mit dem allgemeinen Prüfungstermin verbunden werde. — Er hat sich über die Schlußrechnung des Verwalters zu äußern.

Der Gläubigerausschuß kann die Berufung der Gläubigerversammlung verlangen. — Die Mitglieder desselben haben Anspruch auf Vergütung für ihre Geschäftsführung.

Die Gläubigerversammlung beschließt über die Beibehaltung des vom Gericht ernannten Verwalters; sie kann einen Gläubigerausschuß wählen und dessen Bestellung widerrufen; sie kann bei Gericht auf Entlassung des Verwalters antragen. Sie beschließt endgültig über die Gewährung des nothdürftigen Unterhalts an den Gemeinschuldner, die Schließung oder Fortführung seines Geschäfts, die Hinterlegung von Geldern u. dgl. durch den Verwalter, endlich darüber, ob und in welcher Weise der Verwalter ihr oder einem Gläubigerausschuß über die Verwaltung und Verwerthung der Masse Bericht erstatten und die Rechnung legen soll. Gewisse besonders wichtige Rechtshandlungen des Verwalters (§ 122) bedürfen, wenn kein Gläubigerausschuß bestellt ist, ihrer Genehmigung. Im Schlußtermin bestimmt sie, was mit den nicht verwerthbaren Vermögensstücken geschehen soll. Sie beschließt über die Annahme des Zwangsvergleichs. Der Verwalter legt ihr Schlußrechnung.

Die Gläubigerversammlung findet unter Leitung des Gerichts statt; die Ausführung ihrer Beschlüsse kann auf Antrag vom Gericht untersagt werden, wenn dieselben dem gemeinsamen Interesse der Konkursgläubiger widersprechen.

III. Die Eintheilung der Konkursordnung ist folgende:

Das erste Buch: „Konkursrecht" bestimmt die Einwirkung der Eröffnung des Verfahrens auf die davon betroffenen Rechtsverhältnisse.

Das zweite Buch: „Konkursverfahren" schreibt die Formen vor, in denen sich die Auseinandersetzung zwischen dem Gemeinschuldner und seinen Gläubigern vollzieht.

Im dritten Buch: „Strafbestimmungen" sind unter Aufhebung der §§ 281—283 St.G.B. sowie der landesgesetzlichen Strafvorschriften, die sich auf den Konkurs beziehen, Strafen des betrüglichen und des einfachen Bankerutts, der Beiseiteschaffung von Vermögensstücken, des Stimmkaufs und der Begünstigung einzelner Gläubiger angeordnet.

I.

Gesetz,

betreffend die Einführung der

Konkursordnung.

Vom 10. Februar 1877.

(R.G.B. von 1877, Nr. 10, S. 390–394.)
In Kraft getreten am 1. Oktober 1879.

---

1. Die Konkursordnung tritt im ganzen Umfange des Reichs gleichzeitig mit dem Gerichtsverfassungsgesetze in Kraft.[1]

[1] § 1 E.G. zum G.V.G.

2. Gesetz im Sinne der Konkursordnung und dieses Gesetzes ist jede Rechtsnorm.[1]

[1] Einschließlich des Gewohnheitsrechts: Pr. 133. § 12 E.G. zur C.P.O.

3. Die den Konkurs betreffenden Vorschriften der Reichsgesetze werden durch die Konkursordnung nicht berührt.

Aufgehoben werden:

1. die Vorschriften des §. 51 des Gesetzes, betreffend die privatrechtliche Stellung der Erwerbs- und

Wirthschaftsgenossenschaften, vom 4. Juli 1868,[1] sowie die im §. 48 desselben Gesetzes bestimmte Zuständigkeit des Handelsgerichts;[2]

2. die Vorschriften der §§. 13—18 des Gesetzes, betreffend die Gewährung der Rechtshülfe, vom 21. Juni 1869;

3. die Vorschriften der §§. 281—283 des Strafgesetzbuchs.[3]

Der Artikel 80 der Wechselordnung wird dahin abgeändert, daß die Verjährung auch nach Maßgabe des §. 13 der Konkursordnung unterbrochen wird.

Abs. 3. Die Verjährung zu Gunsten eines zur Zeit der Eröffnung des Konkursverfahrens ausgeschiedenen oder ausgeschlossenen Genossenschafters (§. 64 Abs. 1 des Gesetzes vom 4. Juli 1868) wird auch durch Anmeldung der Konkursforderung unterbrochen.[4]

[1] Vgl. Anm. vor § 195 K.O. [2] § 64 K.O.

[3] §§ 209, 210, 212 K.O. [4] Aufgehoben und ersetzt durch §§ 117 Abs. 2, 135, 153 R.Ges. v. 1./5. 89 (R.G.B. 55).

4. Aufgehoben werden die Vorschriften der Landesgesetze[1] über Konkurs-, Falliments-, Gant-, Debit-Verfahren, über gerichtliche, zur Abwendung oder Einleitung eines solchen Verfahrens dienende Stundungs- und Nachlaßverhandlungen, konkursmäßige Einleitungen, Vermögensuntersuchungen, über die Rechtswohlthat der Güterabtretung und die landesherrliche oder gerichtliche Bewilligung einer allgemeinen Zahlungsstundung,[2] sowie über das Konkursrecht, insoweit nicht in der Konkursordnung auf dieselben verwiesen oder bestimmt ist, daß sie nicht berührt werden.[3]

Aufgehoben werden die Strafvorschriften, welche rücksichtlich des Konkurses in den Landesgesetzen enthalten sind.[4]

[1] Die in älteren Staatsverträgen der Bundesstaaten mit dem Auslande enthaltenen Vorschriften sind nicht aufgehoben. R.G. XXIV, 12.

[2] Aufhebung der Spezialmoratorien: § 14 Nr. 4 E.G. zur C.P.O.

[3] §§ 20, 35, 39, 43, 45, 106, 116, 180 K.O.

[4] § 2 Abs. 3 St.G.B.

5. Unberührt bleiben:

1. die landesgesetzlichen Vorschriften, welche die Lehen, Stammgüter oder Familienfideikommisse betreffen;[1]
2. die landesgesetzlichen Vorschriften, welche die Nichtbefolgung der Vorschriften über die Anzeige des zwischen dem Gemeinschuldner und seinem Ehegatten bestehenden Güterrechts unter Strafe stellen.

[1] § 45 K.O.

6. Die Bestimmungen der §§. 193, 194, 196,[1] 214 der Konkursordnung finden auf Vereine und registrirte Gesellschaften, welche auf Grund der bayerischen Gesetze vom 29. April 1869, betreffend die privatrechtliche Stellung der Vereine sowie der Erwerbs- und Wirthschaftsgesellschaften, bestehen, entsprechende Anwendung.

[1] Der für die reichsgesetzlichen Genossenschaften aufgehobene § 196 ist für die bayerischen Vereine und registrirten Gesellschaften in Kraft geblieben. § 153 G.G. v. 1./5. 89 (R.G.B. 55).

7. In Ansehung der Landesherren und der Mitglieder der landesherrlichen Familien sowie der Mit-

glieder der Fürstlichen Familie Hohenzollern finden die Bestimmungen der Konkursordnung nur insoweit Anwendung, als nicht besondere Vorschriften der Hausverfassungen oder der Landesgesetze abweichende Bestimmungen enthalten.[1]

[1] § 5 E.G. zum G.V.G., § 5 E.G. zur C.P.O.

Uebergangsbestimmungen.

8. Ein vor dem Tage des Inkrafttretens der Konkursordnung eröffnetes Konkursverfahren ist nach den bisherigen Gesetzen zu erledigen.

Der Landesgesetzgebung bleibt vorbehalten, die Konkursordnung auf die Erledigung der vor dem Inkrafttreten der Konkursordnung anhängig gewordenen Konkurssachen für anwendbar zu erklären und zu dem Zwecke Uebergangsbestimmungen zu erlassen.[1]

[1] Preußen: §§ 37—50 Ges. v. 6./3. 79 (Ges.Samml. 109). — Bayern: Art. 225, 231 Ges. v. 23./2. 79 (Ges. u. Verordn.Bl. 63). — Württemberg: Art. 19 Ges. v. 18./8. 79 (Reg.Bl. 208). — Elsaß-Lothringen: § 43 Ges. v. 8./7. 79 (Ges.Bl. 67).

9. In einem am Tage des Inkrafttretens der Konkursordnung oder nach diesem Tage eröffneten Konkursverfahren finden die Bestimmungen der Konkursordnung über die Anfechtung von Rechtshandlungen[1] auf eine vor dem bezeichneten Tage vorgenommene Rechtshandlung Anwendung, sofern nicht dieselbe nach den Vorschriften der bisherigen Gesetze der Anfechtung entzogen oder in geringerem Umfange unterworfen ist.[2]

[1] §§ 22—34 K.O.

[2] Vgl. auch § 14 R.Ges. v. 21./7. 79 (R.G.B. 277).

10. In einem am Tage des Inkrafttretens der Konkursordnung oder nach diesem Tage eröffneten Konkursverfahren finden die Bestimmungen der §§. 42, 48 Nr. 3, 49 der Konkursordnung auf eine vor dem bezeichneten Tage abgetretene oder erworbene Forderung Anwendung, sofern nicht die bisherigen Gesetze eine Aufrechnung zulassen oder eine Verpflichtung zum Schadensersatze nicht oder in geringerem Umfange begründen.[1]

[1] Die Bestimmungen der §§ 46, 47, 48 Nr. 1, 2 K.O. über Aufrechnung finden auf die vor dem Inkrafttreten der K.O. entstandenen Forderungen unbedingt Anwendung. Mot. 472.

11. In einem am Tage des Inkrafttretens der Konkursordnung oder nach diesem Tage eröffneten Konkursverfahren finden die Bestimmungen der Konkursordnung und dieses Gesetzes über abgesonderte Befriedigung[1] auf Pfand- und Vorzugsrechte Anwendung, wenngleich dieselben oder die Forderungen vor dem bezeichneten Tage erworben sind.

[1] §§ 39—41, 43, 44 K.O.

12.[1] Insoweit Pfand- und Vorzugsrechte, welche vor dem Tage des Inkrafttretens der Konkursordnung auf Grund eines Vertrages, einer letztwilligen Anordnung oder einer richterlichen Verfügung erworben oder in Bankstatuten[2] den Banknoteninhabern rechtsgültig zugesichert sind, zufolge der Bestimmungen der Konkursordnung und dieses Gesetzes ihre Wirksamkeit verlieren, kann die Landesgesetzgebung für die Forderung des Berechtigten ein Vorrecht vor allen oder einzelnen der im §. 54 der Konkursordnung bezeichneten Forderungen[3] gewähren.[4]

Ist das Pfand- oder Vorzugsrecht auf einzelne bewegliche Gegenstände des Schuldners beschränkt, so kann das Vorrecht nur in der Höhe des Erlöses derselben gewährt werden.

Das durch die vorstehenden Bestimmungen vorbehaltene Vorrecht kann nicht gewährt werden für ein zwei Jahre nach dem Inkrafttreten der Konkursordnung eröffnetes Konkursverfahren, wenn nicht das Vorrecht dadurch erhalten wird, daß dasselbe bis zum Ablaufe der zwei Jahre zur Eintragung in ein öffentliches Register vorschriftsmäßig angemeldet ist. Der Erlaß von Vorschriften über die Einrichtung solcher Register, sowie über die Anmeldung und Eintragung der Forderungen bleibt der Landesgesetzgebung vorbehalten.[5]

[1] § 28 Abs. 1, 2 E.G. zur C.P.O.

[2] Im Bankgesetz vom 14./3. 75 (R.G.B. 175) sind dem Banknoteninhaber Pfand- oder Vorzugsrechte nicht zugesichert.

[3] Nicht vor Absonderungsberechtigten. R.G. II, 93.

[4] Preußen: §§ 18, 20, 21, 24 Ges. v. 6./3. 79 (Ges.Samml. 109). — Württemberg: Art. 20 Nr. 1, 2 Ges. v. 18./8. 79 (Reg. Bl. 208).

[5] Preußen: §§ 25—36 Ges. v. 6./3. 79 (Ges.Samml. 109). — Württemberg: Verord. v. 16./4. 81 (Reg.Bl. 299). Dazu: Verf. v. 17./4. 81 (Reg.Bl. 302).

13.[1] Die Landesgesetzgebung kann der Ehefrau, den Kindern und den Pflegebefohlenen des Gemeinschuldners für Forderungen, welche vor dem Tage des Inkrafttretens der Konkursordnung entstanden sind, ein Vorrecht nach Maßgabe des §. 12 Abs. 1, 2 insoweit gewähren, als ein gesetzliches Pfand- oder Vorzugsrecht der Ehefrau, der

Kinder oder der Pflegebefohlenen nach den bisherigen Geſetzen beſtanden hat.[2]

Auf das Vorrecht der Ehefrau findet die Beſtimmung des §. 12 Abſ. 3 entſprechende Anwendung.[3]

Den Kindern und den Pflegebefohlenen kann das Vorrecht für ein fünf Jahre nach dem Inkrafttreten der Konkursordnung eröffnetes Konkursverfahren nicht gewährt werden.

[1] § 23 Abſ. 3. E.G. zur C.P.O.

[2] Preußen: §§ 19, 20, 21, 22 Geſ. v. 6./3. 79 (Geſ.Samml. 109). — Bayern: Art. 232, 233, 234 Geſ. v. 23./2. 79 (Geſ. u. Verord.Bl. 63). — Sachſen: §§ 1—5 Geſ. v. 11./3. 79 (Geſ. u. Verord.Bl. 91). — Württemberg: Art. 20 Nr. 3, 21 Geſ. v. 18./8. 79 (Reg.Bl. 208).

[3] Vorrechtsregiſter: Anm. 5 zu § 12 und Bayern: Bekanntm. v. 27./5. 79 (Geſ. u. Verord.Bl. 637). — Sachſen: Verord. v. 9./8. 79 (Geſ. u. Verord.Bl. 315).

Fauſtpfandrechte.

14. Fauſtpfandrechte im Sinne des §. 40 der Konkursordnung beſtehen an beweglichen körperlichen Sachen nur, wenn der Pfandgläubiger oder ein Dritter für ihn den Gewahrſam der Sache erlangt und behalten hat.[1]

Das Abſonderungsrecht beſteht ohne Uebergabe der Sache, ſofern:

1. nach den Reichsgeſetzen[2] oder den Landesgeſetzen[3] die Uebergabe von Konnoſſementen und ähnlichen Papieren über Waaren oder andere bewegliche Sachen der Uebergabe derſelben, oder die Eintragung der Verpfändung in das Schiffsregiſter oder die Uebergabe der mit einem beglaubigten

Vermerke der Verpfändung versehenen Schiffsurkunden oder einer beglaubigten Abschrift derselben der Uebergabe des verpfändeten Schiffes gleichsteht;

2. über eine Verbodmung nach Vorschrift des Handelsgesetzbuchs ein Bodmereibrief ausgestellt ist.[4]

[1] Der Eigenthumsübertragung zur Sicherstellung — auch wenn jene mittels constitutum possessorium erfolgt — ist die Wirksamkeit im Konkurse (§ 35 K.O.) nicht versagt. R.G. XXVI, 181.

[2] Art. 649, 313, 374, 382 H.G.B.

[3] Preußen: § 5 Ges. v. 6./3. 79 (Ges.Samml. 109).

[4] Art. 680, 697 H.G.B.

15. Faustpfandrechte im Sinne des §. 40 der Konkursordnung bestehen an Forderungen und anderen Vermögensrechten[1] nur:[2]

1. wenn der Drittschuldner von der Verpfändung benachrichtigt ist;[3]
2. wenn der Pfandgläubiger oder ein Dritter für ihn den Gewahrsam der körperlichen Sache, welche den Gegenstand des Rechts bildet, oder der über die Forderung oder das Vermögensrecht ausgestellten Urkunde erlangt und behalten[4] hat;
3. wenn die Verpfändung in dem Grund- oder Hypothekenbuche eingetragen ist.

[1] Pfandrecht an Werthpapieren und indossablen Forderungspapieren: Art. 309 Abs. 2 H.G.B. §§ 712, 722, 723, 732 C.P.O.

[2] Es genügt, daß einer der unter Nr. 1—3 aufgeführten Bedingungen entsprochen ist. Pr. 139. R.G. XXV, 288. Vgl. aber § 16.

[3] Vgl. §§ 730, 744 C.P.O. — Wie die Benachrichtigung zu erfolgen hat, bestimmt das bürgerliche Recht. Pr. 139.

[4] Bis zu dem Zeitpunkt, in welchem das angeblich beſſere Recht erworben ſein ſoll. R.G. XXV, 290.

16. Die Vorſchriften der Landesgeſetze, welche für den Erwerb von Fauſtpfandrechten mehrere der in den §§. 14, 15 bezeichneten Erforderniſſe oder weitere Erforderniſſe feſtſetzen, bleiben unberührt.

17.[1] Der Landesgeſetzgebung bleibt vorbehalten, Beſtimmungen zu treffen, nach welchen

1. den Inhabern der von Gemeinden oder anderen Verbänden, von Korporationen, Aktiengeſellſchaften, Kommanditgeſellſchaften auf Aktien oder Genoſſenſchaften ausgeſtellten Pfandbriefe oder ähnlicher auf Grund erworbener Forderungen von denſelben ausgeſtellter Werthpapiere an ſolchen Forderungen ein Fauſtpfandrecht im Sinne des §. 40 der Konkursordnung dadurch gewährt werden kann, daß einem Vertreter ſämmtlicher Inhaber allein oder in Gemeinſchaft mit dem Ausſteller die Ausübung des Gewahrſams der über die Forderungen lautenden Urkunden übertragen oder auf dieſen Urkunden die Gewährung des Pfandrechts vermerkt wird;
2. den Inhabern von Schuldverſchreibungen, welche von den unter Nr. 1 bezeichneten Schuldnern über eine Anleihe ausgeſtellt ſind, an gewiſſen beweglichen körperlichen Sachen ein Fauſtpfandrecht im Sinne des §. 40 der Konkursordnung dadurch gewährt werden kann, daß einem Vertreter ſämmtlicher Inhaber allein oder in Ge-

meinſchaft mit dem Ausſteller die Ausübung des Gewahrſams der Sachen übertragen wird;

3. den Inhabern von Schuldverſchreibungen, welche von den unter Nr. 1 bezeichneten Schuldnern über eine Anleihe ausgeſtellt ſind, ein Vorrecht vor nicht bevorrechtigten Konkursgläubigern, deren Forderungen ſpäter entſtehen, dadurch gewährt werden kann, daß die zu bevorrechtigenden Forderungen in ein öffentliches Schuldenbuch eingetragen werden.

[1] Abſonderungsrechte der Inhaber von Pfandbriefen u. ſ. w. an unbeweglichem Vermögen: § 39 K.O.

II.

Konkursordnung.

Vom 10. Februar 1877.

(R.G.B. von 1877, Nr. 10, S. 351—389.)
In Kraft getreten am 1. Oktober 1879.
§ 1 E.G. zur K.O. und § 1 E.G. zum G.B.G.

Erstes Buch.

Konkursrecht.

Erster Titel.

Allgemeine Bestimmungen.

Konkursmasse.

1. Das Konkursverfahren umfaßt das gesammte,[1] einer Zwangsvollstreckung unterliegende[2] Vermögen des Gemeinschuldners, welches ihm zur Zeit der Eröffnung des Verfahrens[3] gehört[4] (Konkursmasse).

Der Nießbrauch, welcher dem Gemeinschuldner während der Dauer des Verfahrens an dem Vermögen seiner Ehefrau oder seiner Kinder[5] nach den Landesgesetzen zusteht, gehört zur Konkursmasse. Aus den Nutzungen kann der Gemeinschuldner die Mittel beanspruchen,[6] welche zu seinem angemessenen Unterhalte und dazu erforderlich sind, um eine gesetzliche Verpflichtung desselben zum

Unterhalte seiner Ehefrau oder zum Unterhalte und zur Erziehung seiner Kinder zu erfüllen.

Die im §. 715 Nr. 5,[7] 8[8] der Civilprozeßordnung und im §. 20 des Gesetzes über das Postwesen des Deutschen Reichs vom 28. Oktober 1871[9] vorgesehenen Beschränkungen kommen im Konkursverfahren nicht zur Anwendung.[10]

[1] Partikularkonkurs: § 208.

[2] Unpfändbare bewegliche Sachen: § 715 C.P.O.; unpfändbare Ansprüche: § 749 C.P.O. § 56 R.G. v. 15./6. 83 (R.G.B. 73), Art. 8 R.Ges. v. 1./6. 84 (R.G.B. 54), § 68 R.-Ges. v. 6./7. 84 (R.G.B. 69), § 1 R.Ges. v. 28./5. 85 (R.G.B. 159), § 73 R.Ges. v. 5./5. 86 (R.G.B. 158), § 68 R.Ges. v. 11./7. 87 (R.G.B. 302), § 76 R.Ges. v. 13./7. 87 (R.G.B. 358), § 40 R.Ges. v. 22./6. 89 (R.G.B. 97). — Wieweit unbewegliches Vermögen der Zwangsvollstreckung unterliegt, bestimmen die Landesgesetze. § 757 Abs. 2 C.P.O.

[3] § 100.

[4] Dem Gemeinschuldner vor der Eröffnung angefallene, noch nicht angetretene Erbschaften und Vermächtnisse gehören zur Konkursmasse, sofern nach bürgerlichem Recht der Anfall ohne hinzukommenden Antritt ein Vermögensrecht begründet. Mot. 21, 22. Pr. 1—3, 145—147.

[5] Nur hinsichtlich der **vor** der Eröffnung des Verfahrens von der Ehefrau erworbenen Gegenstände. R.G. XV, 9.

[6] Durch Klage gegen den Konkursverwalter. Pr. 5. Masseschuld: § 52 Nr. 1, 3. — Befugniß zur Gewährung des nothdürftigen Unterhalts: §§ 118, 120.

[7] Der Zwangsvollstreckung unterliegen nicht die zum Betriebe der Landwirthschaft unentbehrlichen Geräthe u. s. w.

[8] Auch nicht die zum Betriebe einer Apotheke unentbehrlichen Geräthe, Gefäße und Waaren.

[9] Auch nicht das Inventar der Posthaltereien.

[10] Die — der Zwangsvollstreckung nicht unterworfenen — Fahrbetriebsmittel der Eisenbahnen gehören zur Konkursmasse. R.Ges. v. 3./5. 86 (R.G.B. 131).

Konkursgläubiger.

2. Die Konkursmasse dient zur gemeinschaftlichen Befriedigung aller persönlichen Gläubiger,[1] welche einen zur Zeit der Eröffnung des Verfahrens begründeten[2] Vermögensanspruch[3] an den Gemeinschuldner haben (Konkursgläubiger).

[1] Dinglich berechtigte: §§ 39 ff.

[2] Wenngleich betagten oder bedingten, §§ 58—60; wofern er nur von der Theilnahme am Konkurs nicht ausgeschlossen ist, § 56.

[3] Ansprüche auf Leistung von Handlungen durch den Gemeinschuldner nur, soweit im Falle unterbleibender Erfüllung das Interesse gefordert werden kann.

3. Ein Anspruch auf abgesonderte Befriedigung aus Gegenständen, welche zur Konkursmasse gehören, kann nur in den von diesem Gesetze zugelassenen Fällen[1] geltend gemacht werden.[2]

Die abgesonderte Befriedigung erfolgt unabhängig vom Konkursverfahren.[3]

[1] §§ 39—45. Die in Art. 122, 169 H.G.B. vorbehaltenen Bestimmungen der Landesgesetze sind aufgehoben. Mot. 465.

[2] Der Anspruch ist gegen den Verwalter zu richten. § 9. Mot. 30. Vgl. auch §§ 116, 117.

[3] Vorzeigungspflicht der Absonderungsberechtigten: § 110. — Verwerthung der Gegenstände des Absonderungsrechts: § 117. — Geltendmachung der Forderung im Konkurse: §. 57.

4. Ausländische Gläubiger stehen den inländischen[1] gleich.

Unter Zustimmung des Bundesraths kann durch Anordnung des Reichskanzlers bestimmt werden, daß gegen die Angehörigen eines ausländischen Staates und die Rechtsnachfolger derselben ein Vergeltungsrecht zur Anwendung gebracht werde.[2]

[1] Art. 3 Verf. des D. R. v. 16./4. 71 (B.G.B. 64) § 1 B.G. v. 1./6. 70 (B.G.B. 355).

[2] Gleichstellung unter Bedingung der Gegenseitigkeit im Civilproceß: §§ 102 Nr. 1, 106 Abs. 2, 661 Nr. 5 C.P.O.

Gemeinschuldner.

§ 5. Mit der Eröffnung des Verfahrens[1] verliert[2] der Gemeinschuldner[3] die Befugniß, sein zur Konkursmasse gehöriges Vermögen zu verwalten und über dasselbe zu verfügen.[4] [5].

Das Verwaltungs- und Verfügungsrecht wird durch einen Konkursverwalter[6] ausgeübt.

[1] § 100. — Jedoch § 7 Abs. 2. — Vgl. auch § 98 Abs. 1.

[2] Von Rechtswegen. Mot. 33.

[3] §§ 92, 93.

[4] Die Konkursordnung enthält eine Beschlagnahme des zur Konkursmasse gehörigen Vermögens. R.G. XIV, 289. Vgl. § 137 St.G.B. Dagegen wird die Handlungs- und Prozeßfähigkeit des Gemeinschuldners nicht aufgehoben R.G. XIV, 408, XXV, 17. Vgl. § 8 Abs. 2.

[5] Einwirkung der Eröffnung auf persönliche Rechte: Wählen und Wählbarkeit: § 3 Nr. 2, § 4 B.Ges. v. 31./5. 69 (B.G.B. 145); Theilnahme an Innungen: § 83 Nr. 2, 86 Gewerbeordnung (R.G.B. v. 1883 S. 177); Schöffenamt: § 32 Nr. 3 G.V.G.; Geschwornenamt: § 85 Abs. 2 G.V.G.; Amt der Handelsrichter: § 113 Abs. 2 G.V.G.; Befähigung zur Rechtsanwaltschaft: § 5 Nr. 3, §§ 22, 43 Nr. 1 R.A.O.; Beisitz im Seeamt: § 10 R.Ges. v. 27./7. 77 (R.G.B. 551); Vorstand der Berufsgenossenschaft, Arbeitervertreter, Beisitzer des Schiedsgerichts und des Reichs- bezw. Landesversicherungsamts: §§ 24, 42, 47, 87, 93 Unfallversicherungsgesetzes v. 6./7. 84 (R.G.B. 69); § 1 R.Ges. vom 28./5. 85 (R.G.B. 159); §§ 29, 49, 51, 95, 100 R.Ges. v. 5./5. 86 (R.G.B. 129); §§ 12, 35, 36, 45 R.Ges. v. 11./7. 87 (R.G.B. 287); §§ 30, 50, 97 R.Ges. v. 13./7. 87 (R.G.B. 329); ent-

sprechend bei der Invaliditäts- und Altersversicherung: §§ 50, 51, 71 R.Ges. v. 22./6. 89 (R.G.B. 97). Mitgliedschaft im Gewerbegericht: § 10 Abs. 2 R.Ges. v. 27./7. 90 (R.G.B. 144). — Preußen: §§ 51—53 Ges. v. 6./3. 79 (Ges.Samml. 109); Elsaß-Lothringen: § 31 Ges. v. 8./7. 79 (Ges.Bl. 67.) — Der Kaufmann verliert die Kaufmannseigenschaft mit der Konkurseröffnung, sofern er nicht fortfährt, gewerbsmäßig Handelsgeschäfte zu treiben. Reichsgericht v. 4./3. 85 (Rassow u. Küntzel XXIX, 989.)

[6] §§ 70—78. — Auch hinsichtlich der dem Absonderungsrecht unterliegenden Gegenstände. R.G. XXV, 22. Vgl. § 117 Abs. 1. — Ein Recht, welches der Gemeinschuldner nicht geltend machen könnte, ohne dem Einwand der Vertragswidrigkeit zu begegnen, kann auch der Konkursverwalter nicht geltend machen. RG. XIX, 62, vgl. auch XX, 363.

6. Rechtshandlungen, welche der Gemeinschuldner nach der Eröffnung des Verfahrens vorgenommen hat, sind den Konkursgläubigern gegenüber nichtig.[1]

Dem anderen Teile ist die Gegenleistung aus der Masse zurückzugewähren, soweit letztere durch dieselbe bereichert ist.[2]

Hat der Gemeinschuldner Rechtshandlungen am Tage der Eröffnung des Verfahrens vorgenommen, so wird vermuthet, daß sie nach der Eröffnung[3] vorgenommen worden sind.

[1] Anfechtbare Rechtshandlungen: §§ 22—34. — Der Konkursverwalter macht die Nichtigkeit geltend; er fordert zurück, was der Gemeinschuldner in Folge des nichtigen Geschäfts geleistet und der Masse entzogen hat. Mot. 36, 38. Die Nichtigkeit von Rechtshandlungen, welche sich auf die Schuldenmasse beziehen, können auch die Konkursgläubiger geltend machen. § 132 Abs. 1.

[2] Die Pflichten des andern Theils bei der Rückgewähr richten sich nach bürgerlichem Recht, desgleichen die Rückgewährpflicht des dritten Besitzers. Mot. 38. In letzterer Hinsicht vgl. Art. 74 W.O., Art. 306, 307 H.G.B.

[3] § 100.

7. Eine Leistung, welche auf eine zur Konkursmasse zu erfüllende Verbindlichkeit nach der Eröffnung des Verfahrens an den Gemeinschuldner erfolgt ist, befreit den Erfüllenden den Konkursgläubigern gegenüber nur insoweit, als das Geleistete in die Konkursmasse gekommen ist.

War die Leistung vor der öffentlichen Bekanntmachung[1] der Eröffnung erfolgt, so ist der Erfüllende befreit, wenn nicht bewiesen wird, daß ihm zur Zeit der Leistung die Eröffnung des Verfahrens bekannt war.

War die Leistung nach der öffentlichen Bekanntmachung erfolgt, so wird der Erfüllende befreit, wenn er beweist, daß ihm zur Zeit der Leistung die Eröffnung des Verfahrens nicht bekannt war.

[1] § 68.

Prozesse über die Theilungsmasse.

Zur Zeit der Eröffnung anhängige Anfechtungsprozesse: § 16 R.Ges. v. 21./7. 79 (R.G.B. 277).

8. Rechtsstreitigkeiten über das zur Konkursmasse gehörige Vermögen,[1] welche zur Zeit der Eröffnung des Verfahrens für den Gemeinschuldner[2] anhängig sind,[3] können in der Lage, in welcher sie sich befinden, von dem Konkursverwalter aufgenommen werden.[4] Wird die Anfnahme verzögert, so kommen die Bestimmungen des §. 217 der Civilprozeßordnung zur entsprechenden Anwendung.[5]

Lehnt der Verwalter die Aufnahme des Rechtsstreits ab,[6] so kann sowohl der Gemeinschuldner als der Gegner denselben aufnehmen.[7]

[1] Das Verfahren, welches die Konkursmasse betrifft (§ 1), wird unterbrochen. § 218 C.P.O. — Wirkung: § 226 C.P.O.

[2] Dazu gehören auch Prozesse, in denen der gegen den Gemeinschuldner eingeklagte Betrag vor der Konkurseröffnung auf Grund eines vorläufig vollstreckbaren Urtheils beigetrieben ist, insofern der Beklagte durch Aufhebung des Urtheils Rückzahlung der beigetriebenen Summe zu erlangen sucht. R.G. XI, 399.

[3] § 235 C.P.O. Erhebung der Klage: §§ 230, 254, 460, 461, Abs. 2, 633, 636, 637 C.P.O.; der Widerklage: § 254 C.P.O.

[4] Durch Zustellung eines Schriftsatzes: § 227 C.P.O. Zugleich ist Ladung zur Hauptverhandlung statthaft. § 217 Abs. 2 C.P.O. Es bedarf der Aufnahme auch, wenn das Urtheil zwar bereits verkündet, aber noch nicht zugestellt ist. R.G. XXVII, 357.

[5] Der Gegner kann den Konkursverwalter zur Aufnahme laden.

[6] Genehmigung des Gläubigerausschusses: § 121 Nr. 2.

[7] Letzterer durch Ladung des Gemeinschuldners zur Aufnahme: die Konkursmasse ist am Ausfalle dieser Prozesse unbetheiligt. Pr. 97. — In diesem Falle sind die bis zur Konkurseröffnung entstandenen Kosten eine durch das Unterliegen des Gemeinschuldners bedingte Konkursforderung.

9. Rechtsstreitigkeiten, welche gegen den Gemeinschuldner anhängig und auf Aussonderung eines Gegenstandes aus der Konkursmasse[1] oder auf abgesonderte Befriedigung[2] gerichtet sind oder einen Anspruch betreffen, welcher als Masseschuld zu erachten ist,[3] können sowohl von dem Konkursverwalter als von dem Gegner aufgenommen werden.[4]

Erkennt der Verwalter den Anspruch sofort an, so fallen ihm die Prozeßkosten nicht zur Last.[7]

[1] §§ 35—38. [2] §§ 39—45.

[3] §§ 15, 52 Nr. 2.

[4] Unterbrechung: §§ 218, 226 C.P.O. Die Aufnahme von Seiten

des Gegners geschieht durch Ladung des Konkursverwalters. Anm. 2 zu § 3.

[5] Vgl. § 89 C.P.O. — Die bis zur Konkurseröffnung entstandenen Kosten sind Konkursforderung.

Prozesse über die Schuldenmasse.

10. Konkursgläubiger können ihre Forderungen auf Sicherstellung oder Befriedigung aus der Konkursmasse nur nach Maßgabe der Vorschriften für das Konkursverfahren[1] verfolgen.[2]

[1] Durch Anmeldung: § 127. Unterbrechung anhängiger Prozesse: §§ 218, 226 C.P.O. Aufnahme derselben gegen den Konkursverwalter: § 134 Abs. 3 K.O.; gegen den Gemeinschuldner: § 132 Abs. 2.

[2] Wollen sie die Konkursmasse nicht in Anspruch nehmen, so können sie außerhalb des Konkursverfahrens den Prozeß gegen den Gemeinschuldner fortsetzen. Reichsgericht v. 12./5. 86 (Rassow u. Küntzel XXXI, 1123). Aber § 11.

11. Während der Dauer des Konkursverfahrens[1] finden Arreste und Zwangsvollstreckungen[2] zu Gunsten einzelner Konkursgläubiger[3] weder in das zur Konkursmasse gehörige, noch in das sonstige Vermögen[4] des Gemeinschuldners[5] statt.[6]

[1] Vgl. auch § 98.

[2] Sofern der Arrest oder die Zwangsvollstreckung bei der Eröffnung des Verfahrens nicht schon bis zur Pfändung gediehen war; in letzterem Falle hat der Gläubiger ein Pfandrecht, §§ 709, 810 C.P.O., ist also absonderungsberechtigt; mithin nimmt das Verfahren Fortgang: §§ 3 Abs. 2, 41 Nr. 9; vgl. auch § 117.

[3] § 2. Mögen sie sich in den Konkurs eingelassen haben oder nicht.

[4] An das nach Eröffnung des Verfahrens vom Gemeinschuldner erworbene Vermögen können sich während des Verfahrens nur die

Gläubiger halten, deren Anspruch nach der Eröffnung entstanden ist. § 2. Mot. 51. 52. — Vgl. aber § 13 Abs. 5 R.Ges. v. 21./7. 79 (R.G.B. 277). — Aufrechnung gegen später entstandene Forderungen: Anm. vor § 48.

[5] Personalarrest auf Grund der §§ 774, 775 C.P.O. ist statthaft, dagegen auf Grund der §§ 711, 769, 782 C.P.O. nicht; statt dessen auf Grund von § 115 K.O., § 782 C.P.O.; ebensowenig auf Grund von § 798 C.P.O., statt dessen auf Grund von §§ 93, 98 K.O.

[6] Anders § 207.

12. Pfand- und Hypothekenrechte, Vorzugsrechte sowie Zurückhaltungsrechte an Gegenständen der Konkursmasse können nach der Eröffnung des Konkursverfahrens[1] nicht mit verbindlicher Kraft gegen die Konkursgläubiger[2] erworben oder eingetragen werden,[3] wenngleich der Anspruch auf den Erwerb oder die Eintragung schon vor der Eröffnung des Verfahrens begründet gewesen ist.[4]

[1] Vgl. auch § 98.

[2] Die Eintragung an sich ist nicht ausgeschlossen. Mot. 56.

[3] Gedacht ist hier der Erwerb ohne Zuthun des Gemeinschuldners; dem Erwerb durch dessen Zuthun steht bereits § 6 entgegen. Die Befugnisse dritter Erwerber solcher Pfand- u. s. w. Rechte bestimmen sich nach bürgerlichem Rechte. Mot. 57.

[4] Bestehende Pfand- u. s. w. Rechte können übertragen werden. Mot. 57. Reichsgericht v. 18./1. 91 (Rassow u. Küntzel XXXV, 1023). Ob das Vorrecht durch Bezahlung des Gläubigers ohne Cession übergeht, bestimmt das Landesrecht.

Verjährung.

13. Die Eröffnung des Konkursverfahrens hemmt nicht den Lauf der Verjährung. Durch die Anmeldung[1] einer Konkursforderung wird deren Verjährung unterbrochen.[2]

[1] Gemäß § 127. — Vgl. auch § 3 Abs. 3, 4 E.G.
[2] Ueber den Beginn und die Dauer einer neuen Verjährung entscheidet das bürgerliche Recht.

Gemeinschaft.

14. Befindet sich der Gemeinschuldner mit Dritten in einem Miteigenthume, in einer Gesellschaft oder in einer anderen Gemeinschaft,[1] so erfolgt die Theilung oder sonstige Auseinandersetzung[2] außerhalb des Konkursverfahrens.[3]

[1] Z. B. in ehelicher Gütergemeinschaft. R.G. VIII, 105. Auch der stille Gesellschafter, Art. 261 Nr. 3, 265 H.G.B. Reichsgericht v. 7./7. 84 (Rassow u. Küntzel XXIX, 1000). War die Gemeinschaft bei der Konkurseröffnung bereits aufgelöst, so sind rückständige Forderungen aus dem früheren Gemeinschaftsverhältniß zur Konkursmasse anzumelden. R.G. XII, 337.
[2] Aussonderung des Antheils der Mitberechtigten: §§ 35, 38. Absonderungsrecht der Mitberechtigten an dem Antheil des Gemeinschuldners: § 44.
[3] Der Konkursverwalter übt dabei die Rechte des Gemeinschuldners aus. § 5 Abs. 2. Nur der Nettoantheil des letzteren fließt zur Konkursmasse. R.G. XXVI, 113.

Zweiter Titel.

Erfüllung der Rechtsgeschäfte.

Dieser Titel bezieht sich nicht auf solche zweiseitige Verträge, welche auf die Leistung eines nicht zur Konkursmasse gehörigen Gegenstandes abzielen oder welche nur durch den Gemeinschuldner persönlich oder an ihn persönlich erfüllt werden können. Vgl. aber § 19.

15. Wenn ein zweiseitiger Vertrag zur Zeit der Eröffnung des Konkursverfahrens von dem Gemeinschuldner und von dem anderen Theile nicht oder nicht vollständig erfüllt ist,[1] so kann der Konkursverwalter an Stelle des

Gemeinschuldners den Vertrag erfüllen und die Erfüllung von dem anderen Theile verlangen.[2]

Der Verwalter muß auf Erfordern des anderen Theils, auch wenn die Erfüllungszeit noch nicht eingetreten ist, demselben ohne Verzug erklären, ob er die Erfüllung verlangen will. Unterläßt er dies, so kann er auf der Erfüllung nicht bestehen.

[1] Hat ein Theil vollständig erfüllt, so kann der andere nur Erfüllung fordern, der Vertragsgenosse des Gemeinschuldners als Konkursgläubiger. Mot. 67, 68.

[2] Genehmigung des Gläubigerausschusses: § 121 Nr. 2. Verlangt er Erfüllung, so muß er selbst aus der Masse erfüllen: § 52 Nr. 2. Verlangt er sie nicht: § 21. — Hat, falls der Verwalter Erfüllung verlangt, eine vor der Konkurseröffnung getroffene Verfügung des Gemeinschuldners über seine Forderung gegen den anderen Theil auch, soweit diese erst nach der Konkurseröffnung in Folge der Gegenleistung aus der Masse begründet wird, rechtliche Wirkung gegenüber der Masse? Bejaht: R.G. XI, 51; verneint: R.G. VI, 111 u. XI, 138.

Fixgeschäfte.

16. War die Lieferung von Waaren, welche einen Markt- oder Börsenpreis haben,[1] genau zu einer festbestimmten Zeit oder binnen einer festbestimmten Frist[2] bedungen,[3] und tritt die Zeit oder der Ablauf der Frist erst nach der Eröffnung des Verfahrens ein, so kann nicht die Erfüllung verlangt, sondern nur eine Forderung wegen Nichterfüllung[4] geltend gemacht werden.

Der Betrag dieser Forderung bestimmt sich durch den Unterschied zwischen dem Kaufpreise und demjenigen Markt- oder Börsenpreise, welcher an dem Orte der Erfüllung oder an dem für denselben maßgebenden Handelsplatze sich für die am zweiten Werktage nach der Eröffnung des Verfahrens mit der bedungenen Erfüllungszeit geschlossenen Geschäfte[5] ergiebt.

Ist ein solcher Markt- oder Börsenpreis nicht zu ermitteln,[6] so findet die Bestimmung des ersten Absatzes keine Anwendung.

[1] Art. 343 H.G.B. [2] Fixgeschäft: Art. 357 H.G.B.

[3] Und die Waare noch nicht geliefert und angenommen.

[4] § 21.

[5] D. h. für Fixgeschäfte mit gleicher Erfüllungszeit. Mot. 74.

[6] Sei es durch amtliche Kursfeststellungen oder durch Vernehmung von Sachverständigen. Mot. 74.

Sachenmiethe und Pacht.

17. Auf Pacht- oder Miethverträge über Sachen übt, wenn deren Uebergabe schon erfolgt ist, die Eröffnung des Verfahrens folgende Wirkungen aus:

1. hatte der Gemeinschuldner gepachtet oder gemiethet, so kann sowohl der andere Theil als der Verwalter den Vertrag aufkündigen.[1] Die Frist oder Zeit für die Kündigung ist, falls eine kürzere Frist oder nähere Zeit nicht bedungen war, die gesetzliche[2] oder ortsübliche;
2. hatte der Gemeinschuldner verpachtet oder vermiethet, so wirkt eine freiwillige Veräußerung der Sache durch den Konkursverwalter auf die Zulässigkeit der Kündigung sowie auf die Dauer des Vertrages wie eine Zwangsversteigerung.[3]

[1] Wegen des auf die Zeit nach der Konkurseröffnung bis zur Aufhebung des Vertrages entfallenden Pacht- und Miethzinses ist der Verpächter oder Vermiether Massegläubiger: § 52 Nr. 2; wegen

des auf die Zeit vor der Eröffnung entfallenden Konkursgläubigers; außerdem hat er ein Absonderungsrecht. § 41 Nr. 2, 4. — Falls der Verwalter kündigt, hat der Vermiether oder Verpächter einen Entschädigungsanspruch wegen Nichterfüllung nach Maßgabe des bürg. Rechts, und der Verpächter wegen desselben ein Absonderungsrecht gemäß § 41 Nr. 2, R.G. VII, 20, XI, 358, XVIII, 271, Reichsgericht v. 9./2. 84 (Rassow u. Küntzel XXVIII, 1175), der Vermiether nur eine Konkursforderung, § 41, Nr. 4.

[2] Preußen: § 1 Gesetz v. 6./3. 79 (Ges.-Samml. 109).

[3] Ob der Pächter oder Miether einen Entschädigungsanspruch hat, bestimmt das bürgerliche Recht. Reichsgericht v. 18./1. 82 (Rassow u. Küntzel XXVI, 1187). Vgl. auch § 21.

18. Wenn der Gemeinschuldner gepachtet oder gemiethet hatte, und die Uebergabe der Sache zur Zeit der Eröffnung des Verfahrens noch nicht erfolgt ist,[1] so kann der andere Theil von dem Vertrage abgehen,[2] gleich als ob derselbe nicht geschlossen wäre.[3]

Auf Erfordern des Verwalters muß der andere Theil demselben ohne Verzug erklären, ob er von dem Vertrage abgehen will. Unterläßt er dies,[4] so kommen die Bestimmungen des §. 15 zur Anwendung.

[1] Hat er verpachtet oder vermiethet und die Uebergabe ist nicht erfolgt: § 15.

[2] Selbst wenn der Gemeinschuldner schon vollständig erfüllt hat.

[3] Kein Theil hat einen Entschädigungsanspruch. Vgl. Art. 354, 355 H.G.B. Der Verwalter kann das vom Gemeinschuldner in Erwartung der Erfüllung Gezahlte zurückfordern.

[4] Oder erklärt er, nicht zurücktreten zu wollen.

Dienstmiethe.

19. Ein in dem Haushalte, Wirthschaftsbetriebe oder Erwerbsgeschäfte des Gemeinschuldners angetretenes Dienstverhältniß[1] kann von jedem Theile aufgekündigt werden. Die Frist und Zeit für die Kündigung ist,

falls eine kürzere Frist oder nähere Zeit nicht bedungen war, die gesetzliche[2] oder ortsübliche und in Ermangelung einer solchen von dem Konkursgerichte[3] auf Antrag des Kündigenden festzusetzen.[4]

[1] Auch wenn es sich um Dienste handelt, deren Leistung an die Person des Gemeinschuldners oder seiner Angehörigen geknüpft ist. Prot. 18. — Vgl. auch § 54 Nr. 1.

[2] Handlungsdiener: Art. 61 H.G.B. Gesellen, Gewerbegehilfen, Fabrikarbeiter: §§ 122, 134 Gewerbeordnung (R.G.B. v. 1883 S. 177).

[3] § 64.

[4] Für die Zeit von der Konkurseröffnung bis zum Ablauf der Kündigungsfrist ist der Gegenanspruch des Dienstleistenden Masseschuld. § 52 Nr. 2.

Besondere Bestimmungen.

20. Soweit rücksichtlich einzelner, durch die §§. 16—19 nicht betroffener Rechtsverhältnisse[1] die Reichsgesetze[2] oder die Landesgesetze besondere Bestimmungen[3] über die Wirkung der Eröffnung des Konkursverfahrens enthalten, kommen diese[4] zur Anwendung.

[1] Die auf zweiseitigen Verträgen beruhen. Die Bestimmungen über andere als zweiseitige Verträge und andere als Vertragsverhältnisse berührt § 15 ohnehin nicht. Mot. 85. Pr. 153—159, 202.

[2] Handelsgesellschaften: Art. 123 Nr. 3, 170 Abs. 2, 200, 242 Nr. 3 H.G.B.; Stille Gesellschaft: Art. 261 Nr. 3 H.G.B.; Seeversicherungsvertrag: Art. 903 H.G.B.; Genossenschaft: § 94 R.Ges. v. 1./5. 89 (R.G.B. 55); Innung: § 103 Abs. 5 Gewerbeordnung (R.G.B. v. 1883 S. 177); Lehrvertrag: § 128 Nr. 2 ebendaselbst (R.G.B. v. 1891 S. 275); Innungsverband: § 104 R.Ges. v. 23./4. 86 (R.G.B. 126).

[3] Das sind Vorschriften, welche mit Rücksicht auf die besondere Natur gewisser einzelner Rechtsverhältnisse lediglich für diese, unabhängig von den allgemeinen Bestimmungen über die Wirkung

der Konkurseröffnung auf Rechtsgeschäfte getroffen sind. Pr. 156 —160, 202. Vgl. auch R.G. III, 42, XXVI, 249.

[4] An Stelle des § 15. Für die Frage der Rückforderung des Geleisteten sind §§ 21, 35—38 ausschließlich maßgebend. Pr. 156 —160, 202.

Nichterfüllung.

21. Wenn n Folge der Eröffnung des Konkursverfahrens die Nichterfüllung einer Verbindlichkeit oder die Aufhebung eines Rechtsverhältnisses des Gemeinschuldners eintritt, so ist der andere Theil nicht berechtigt, die Rückgabe seiner in das Eigenthum des Gemeinschuldners übergegangenen Leistung[1] aus der Konkursmasse zu verlangen. Er[2] kann eine Forderung wegen der Nichterfüllung[3] oder der Aufhebung nur als Konkursgläubiger geltend machen,[4] soweit ihm nicht 'ein Anspruch auf abgesonderte Befriedigung zusteht.

[1] Der andere Theil kann, wenn der Gemeinschuldner noch nicht Eigenthümer geworden ist, Aussonderung verlangen: § 35. — Ausnahme: § 36.

[2] Der Konkursverwalter nie; der andere Theil auch nur, sofern er die Kündigung oder Aufhebung nicht selbst herbeigeführt hat. Mot. 92.

[3] Es wird hier vorausgesetzt, daß dem anderen Theil — außer im Falle des § 18 Absatz 1 — ein Anspruch wegen Nichterfüllung, sei es Entschädigungsanspruch oder Condiktion des Geleisteten, zusteht. Ueber den Inhalt dieses Anspruchs entscheidet — außer im Falle des § 16 Abs. 2 — das bürgerliche Recht. Vgl. Anm. 1 zu § 17. Auch können Vertragsstrafen gefordert werden, welche für den Fall der Nichterfüllung ausbedungen waren, selbst wenn dieser Fall erst nach der Konkurseröffnung eingetreten ist. R.G. XXI, 6, XXVI, 92.

[4] Für die Geltendmachung des Entschädigungsanspruchs bedarf es einer Aufforderung an den Verwalter gemäß § 15 Abs. 2 nicht;

es genügt, daß sein Wille, von der Vertragserfüllung Abstand zu nehmen, feststeht. Auch ist bei Handelskäufen die Beobachtung der Formen der Art. 343, 354, 356 H.G.B. nicht erforderlich. R.G. XXII, 107.

Dritter Titel.

Anfechtung.

Vor dem Inkrafttreten der K.O. vorgenommene Rechtshandlungen: § 9 E.G.

Anfechtung außerhalb des Konkurses: R.Ges. v. 21./7. 79 (R.G.B. 277), s. unten S. 123.

Zulässigkeit.

22. Rechtshandlungen,[1] welche vor der Eröffnung des Konkursverfahrens vorgenommen sind,[2] können als den Konkursgläubigern gegenüber[3] unwirksam nach Maßgabe der folgenden Bestimmungen angefochten werden.[4]

[1] D. h. ein positives, das Vermögen um einen bereits erworbenen Bestandtheil verminderndes oder mit neuen Verbindlichkeiten belastendes Thun; ein Unterlassen nur, wenn es von dem Gesetz einer bestimmten positiven Handlung gleichgestellt wird: z. B. § 296 Abs. 1 C.P.O. Daß durch das Verhalten die Vergrößerung des Vermögens um einen möglichen Erwerb ausgeschlossen wird, genügt nicht. Mot. 115, 116. Pr. 21. 22. — Bei der Ausschlagung von Erbschaften und Vermächtnissen ist zu unterscheiden wie in Anm. 4 zu § 1. Reichsgericht v. 17./12. 81 u. 22./5. 90 (Rassow u. Küntzel XXVI, 829, XXXIV, 1192). — Eine an sich anfechtbare Rechtshandlung unterliegt der Anfechtung insoweit nicht, als sie einen die Gläubiger benachtheiligenden Erfolg nicht gehabt hat oder als dieser Erfolg zur Zeit der Geltendmachung der Anfechtung wieder beseitigt war. R.G. XIV, 313. Reichsgericht v. 21./3. 89 (Rassow u. Küntzel XXXIII, 1105.)

[2] Die Anfechtung gemäß §§ 22 ff. ist bei simulirten Rechts-

handlungen nicht ausgeschlossen. Reichsgericht v. 21./7. 82 (Rassow u. Küntzel XXVII, 1084).

[3] Vgl. auch § 30. — Ihre Wirksamkeit dem Gemeinschuldner gegenüber wird dadurch nicht berührt: er kann, wenn der Konkurs durch Zwangsvergleich oder Einstellung sein Ende erreicht, die anhängigen Anfechtungsklagen nicht verfolgen. R.G. VII, 35. Vgl. auch § 13 Abs. 4 R.Ges. v. 21./7. 79 (R.G.B. 277).

[4] Durch Klage oder Einrede: Klage auf Feststellung der Unwirksamkeit nach § 231 C.P.O. oder sofort Klage auf Rückgewähr des in Folge des unwirksamen Geschäfts weggegebenen Gegenstandes gemäß § 30. Mot. 112, 113. — Abweichend § 9 R.Ges. v. 21./7. 79 (R.G.B. 277).

23. Anfechtbar sind:[1]

1. die nach der Zahlungseinstellung[2] oder dem Antrage auf Eröffnung des Verfahrens[3] von dem Gemeinschuldner eingegangenen Rechtsgeschäfte, durch deren Eingehung die Konkursgläubiger benachtheiligt werden,[4] wenn dem andern Theile[5] zu der Zeit, als er das Geschäft einging, die Zahlungseinstellung oder der Eröffnungsantrag bekannt war;[6] sowie die nach der Zahlungseinstellung oder dem Eröffnungsantrage erfolgten Rechtshandlungen,[7] welche einem Konkursgläubiger Sicherung oder Befriedigung gewähren, wenn dem Gläubiger zu der Zeit, als die Handlung erfolgte, die Zahlungseinstellung oder der Eröffnungsantrag bekannt war;[6]
2. die nach der Zahlungseinstellung[2] oder dem Antrage auf Eröffnung des Verfahrens[3] oder in den letzten zehn Tagen[8] vor der Zahlungseinstellung oder dem Eröffnungsantrage erfolgten

Rechtshandlungen,[7] welche einem Konkursgläubiger eine Sicherung oder Befriedigung gewähren, die er nicht oder nicht in der Art oder nicht zu der Zeit zu beanspruchen hatte,[9] sofern er nicht beweist, daß ihm zur Zeit der Handlung weder die Zahlungseinstellung und der Eröffnungsantrag,[10] noch eine Absicht des Gemeinschuldners, ihn vor den übrigen Gläubigern zu begünstigen, bekannt war.

[1] Beschränkung: § 26. — Neben § 23 gilt Art. 259 H.G.B. § 3 Abs. 1 E.G. — Für die Klagen aus § 23 ist der Gerichtsstand der unerlaubten Handlung (§ 32 C.P.O.) nicht begründet. R.G. XXI, 420. Vgl. Anm. 1 zu § 24.

[2] §§ 94, 185. [3] §§ 95—97. — Vgl. auch § 98.

[4] Das Rechtsgeschäft muß zur Zeit der Eingehung den Werth des zur Befriedigung der Konkursgläubiger bestimmten Vermögens verringert haben, sei es durch die Höhe oder durch die Art des Entgelts. Mot. 117, 118. Pr. 21. Es genügt zur Anfechtung aus § 22 Nr. 1 nicht, wenn die Benachtheiligung erst nach Eingehung des Geschäfts durch die späteren Schicksale der Gegenleistung, insbesondere durch die Verfügung des Gemeinschuldners darüber, erfolgt ist. R.G. XXVII, 99. — Leistungen an den Gemeinschuldner, die in Erfüllung bestehender Verbindlichkeiten geschehen, sind wegen Kenntniß von der Zahlungseinstellung nicht anfechtbar. Mot. 121. Vgl. auch Anm. 1 zu § 22 und Anm. 5 zu § 24.

[5] Schadet dem Machtgeber die Kenntniß des Bevollmächtigten (Rechtsanwalts, Gerichtsvollziehers)? R.G. VII, 37 und IX, 363, auch XVI, 396.

[6] Zum Beweise der Kenntniß kann dem Anfechtungsgegner der Eid zugeschoben werden, zum Beweise der Zahlungseinstellung nicht. § 410 C.P.O. R.G. III, 399 u. 432.

[7] Anm. 1 zu § 22. Auch die durch Hülfe des Gerichts oder des Gerichtsvollziehers (Zwangsvollstreckung, Arrest) erzwungenen Leistungen. § 28. — Die durch Pfändung auf Grund eines Arrestbefehls erwirkte Sicherheitsbestellung unterliegt der Anfechtung gemäß § 23 Nr. 2. R.G. II, 375, III, 396, VI, 368, desgleichen die durch Pfändung im Wege der Zwangsvollstreckung erlangte Sicherheit. R.G. X, 33. Auch wenn die Vollstreckung durch Versteigerung vor der Konkurseröffnung zur Bezahlung an den Gläubiger geführt hat, kommt es lediglich auf die Anfechtbarkeit der vorausgegangenen Pfändung an. R.G. XVII, 26, XXIII, 112. Anders R.G. VII, 37. — Vgl. auch §§ 716, 720, 737, 806 C.P.O. § 13 Abs. 3 R.Ges. v. 21./7. 79 (R.G.B. 277). Wegen Anfechtung der Urtheilshypothek des rheinischen Rechts vgl. R.G. XVIII, 137.

[8] Berechnung analog § 199 C.P.O. R.G. XXVI, 5.

[9] Z. B. Zahlung vor Verfall oder Eintritt der Bedingung, Erfüllung einer nicht klagbaren Forderung, Hingabe an Zahlungsstatt. Tratten oder Akzepte Dritter statt Baarzahlung (Reichsgericht v. 28./1. 82, Rassow u. Küntzel XXVI, 1188), Einräumung einer Forderung zur Aufrechnung, eines Zurückbehaltungsrechts, eines vertragsmäßigen Pfandrechts für schon bestehende Forderungen. Mot. 127—129. — Strafbarkeit: § 211.

[10] Vorausgesetzt nämlich, daß der Anfechtende nachgewiesen hat, daß die Zahlungseinstellung bezw. der Eröffnungsantrag der Rechtshandlung vorhergegangen ist. R.G. III, 398, IV, 436.

24. Anfechtbar sind:

1. Rechtshandlungen,[1] welche der Gemeinschuldner in der dem anderen Theile bekannten[2] Absicht,[3] seine Gläubiger[4] zu benachtheiligen,[5] vorgenommen hat;
2. die in dem letzten Jahre[6] vor der Eröffnung des Verfahrens geschlossenen, entgeltlichen[7] Verträge[8] des Gemeinschuldners[9]

   mit seinem Ehegatten, vor oder während der Ehe,

mit seinen oder seines Ehegatten Verwandten in auf- und absteigender Linie, mit seinen oder seines Ehegatten voll- und halbbürtigen Geschwistern, oder mit dem Ehegatten einer dieser Personen,

sofern durch den Abschluß des Vertrages[10] die Gläubiger des Gemeinschuldners benachtheiligt werden[5] und der andere Theil nicht beweist,[11] daß ihm zur Zeit des Vertragsabschlusses eine Absicht[3] des Gemeinschuldners, die Gläubiger zu benachtheiligen[5] nicht bekannt war.

[1] Anm. 1 zu § 22. Anm. 7 zu § 23. — Für Klagen aus § 24 Nr. 1 ist der Gerichtsstand der unerlaubten Handlung (§ 32 C.P.O.) begründet. R.G. XXI, 425. Vgl. Anm. 1 zu § 23. Unzulässige Klagänderung liegt vor, wenn eine Anfechtung, die in der Klage auf § 24 Nr. 1 begründet ist, später auf § 23 oder § 25 gestützt wird, oder umgekehrt. R.G. XXII, 390.

[2] Eideszuschiebung zum Beweise der Kenntniß ist zulässig, Anm. 6 zu § 23, zum Beweise der Benachtheiligungsabsicht des Gemeinschuldners nicht. Reichsgericht v. 23./3. 87 (Rassow u. Küntzel XXXI, 1127).

[3] Es genügt das Bewußtsein eines die Gläubiger benachtheiligenden Erfolges, sofern dessen Eintritt nach dem gewöhnlichen Laufe der Dinge zu erwarten ist. R.G. IX, 75 und XI, 175. Das Vorhandensein des Dolus für einen bestimmten demnächst eingetretenen Fall genügt. R.G. XXIV, 25.

[4] Die in beiderseitiger Kenntniß von der eingetretenen Insolvenz erfolgte Befriedigung einzelner Gläubiger ist jedoch auf Grund des § 24 Nr. 1 nur anfechtbar, sofern eine besondere auf Benachtheiligung der anderen Gläubiger (nicht blos die auf Befriedigung des einen Gläubigers) gerichtete Absicht besteht. Mot. 131. Das bloße Bewußtsein des Schuldners, daß den Gläubigern Exekutionsobjekte durch die Zahlung ꝛc. entzogen werden, genügt nicht. R.G. XVI, 29, 61. XX, 181. XXIII, 9. XXVII, 133.

[5] Eine Benachtheiligung liegt vor, sofern eine Gestaltung der Vermögenslage geschaffen ist, welche die Befugniß der Gläubiger, sich zwangsweise zu befriedigen, beeinträchtigt. R.G. X, 8. XXIV, 134. Daher auch im Falle der Hingabe an Zahlungsstatt, R.G. VI, 46. Reichsgericht v. 4./4. 82 (Rassow u. Küntzel XXVII, 158), ferner bei Vermehrung der Passivmasse, Uebernahme von Schulden, R.G. XXVII, 133, Bestellung eines Pfandes für eine vorher eingegangene Verbindlichkeit, selbst wenn bei deren Eingehung die Pfandbestellung versprochen war, Reichsgericht v. 26./2. 91 (Rassow u. Küntzel XXXV, 1165), vgl. auch Anm. 11. Eine Benachtheiligung der Gläubiger ist selbst dann nicht ausgeschlossen, wenn das Entgelt dem Werthe des veräußerten Gegenstandes völlig entspricht, wofern nur durch dessen Umsatz in Geld den Gläubigern ein pfändbares Vermögensstück entzogen und dem Schuldner eine von ihm benutzte Gelegenheit zur anderweiten Verwendung des Geldes geboten wurde. R.G. XVIII, 122 u. XXII, 49. Anders im Falle des § 23 Nr. 1. Vgl. Anm. 4 zu § 23.

[6] Keine Verjährungsfrist. Restitution auf Grund des Landesrechts findet gegen ihre Versäumung nicht statt. R.G. XVII, 71.

[7] Als solcher ist auch die ohne besonderes Entgelt erfolgende Bewilligung eines Pfandrechts oder einer vollstreckbaren Urkunde für eine schon bestehende Forderung anfechtbar. R.G. VI, 85 u. IX, 101. Uebernahme einer Wechselverpflichtung: R.G. XXVI, 75. Ferner die Erfüllungsgeschäfte. R.G. XXVII, 134.

[8] Nicht blos obligatorische. Auch Tradition. R.G. XXVII, 134

[9] Auch wenn der Vertrag von dem gesetzlichen Vertreter eines Kontrahenten geschlossen ist. R.G. XII, 69.

[10] Insolvenz zur Zeit des Vertragsschlusses ist auch hier nicht erforderlich. Reichsgericht v. 4./4. 82 (Rassow u. Küntzel XXVII, 158).

[11] Bei Anfechtung von Erfüllungshandlungen hat der Anfechtende nachzuweisen, daß die Handlung innerhalb des Jahres vorgenommen ist: dem Gegner liegt dann der Nachweis ob, daß die Zusage, um deren Erfüllung es sich handelt, vor dem Jahre rechtsverbindlich ertheilt ist. R.G. XXVI, 3, XXVII, 135.

25. Anfechtbar sind:[1]

1. die in dem letzten Jahre[2] vor der Eröffnung des

Verfahrens von dem Gemeinschuldner vorgenommenen[3] unentgeltlichen Verfügungen,[4] sofern nicht dieselben gebräuchliche Gelegenheitsgeschenke zum Gegenstande hatten;

2. die in den letzten zwei Jahren[2] vor der Eröffnung des Verfahrens von dem Gemeinschuldner vorgenommenen[3] unentgeltlichen Verfügungen zu Gunsten seines Ehegatten,[5] sowie eine innerhalb dieses Zeitraums von ihm bewirkte Sicherstellung oder Rückgewähr eines Heirathsguts oder des gesetzlich in seine Verwaltung gekommenen Vermögens seiner Ehefrau,[6] sofern er nicht zu der Sicherstellung oder Rückgewähr[7] durch das Gesetz oder durch einen vor diesem Zeitraume geschlossenen Vertrag verpflichtet war.[8]

[1] Für Klagen aus § 25 ist der Gerichtsstand der unerlaubten Handlung (§ 32 C.P.O.) nicht begründet. R.G. XXI, 425. Vgl. Anm. 1 zu § 23 u. Anm. 1 zu § 24.

[2] Vgl. Anm. 6 zu § 24.

[3] Maßgebend ist der Zeitpunkt, in welchem die Verfügung Wirksamkeit gegen die Gläubiger erlangt. R.G. IX, 69.

[4] Auch verdeckte Schenkungen, Entsagungen, Verzichte: Erbschaftsentsagungen innerhalb der in Anm. 4 zu § 1 bezeichneten Grenzen. — Uebrigens setzt die Unentgeltlichkeit nicht nothwendig eine Bereicherung des Empfängers voraus (Zahlung einer fremden Schuld). R.G. X, 87. — Vgl. auch Anm. 7 zu § 24.

[5] Aussonderungsrecht der Ehefrau: § 27.

[6] Auch wenn die Sicherstellung nicht an die Ehefrau selbst, sondern an den Cessionar der Illatenforderung erfolgt ist. Pr. 23. — A. M. Mot. 138.

[7] In dem Recht auf Rückgewähr ist an sich noch nicht das Recht auf Sicherung durch Pfandbestellung als das Minus ent-

halten. R.G. VII, 111. Auch die Sicherstellung oder Rückgewähr des Heirathsguts in einer anderen als der durch die Verpflichtung vorgeschriebenen Art ist anfechtbar. R.G. XV, 19. Das Fortbestehen des ehemännlichen Verwaltungsrechts an dem zurückübertragenen oder an dessen Stelle getretenen Gegenstande schließt die Anfechtung nicht aus. R.G. XXIV, 43.

[8] Preußen: § 4 Ges. v. 6./3. 79 (Ges.Samml. 109).

26. Rechtshandlungen, welche früher als sechs Monate[1] vor der Eröffnung des Verfahrens erfolgt sind, können aus dem Grunde einer Kenntniß der Zahlungseinstellung[2] nicht angefochten werden.

[1] Auf die Berechnung findet § 200 Abs. 2 C.P.O. nicht Anwendung. R.G. XVII, 329. Vgl. auch Anm. 6 zu § 24.

[2] In den Fällen des § 23 Nr. 1 u. 2. R.G. XXV, 86.

27. Wechselzahlungen des Gemeinschuldners können auf Grund des § 23 Nr. 1 von dem Empfänger nicht zurückgefordert werden, wenn nach Wechselrecht der Empfänger bei Verlust des Wechselanspruchs gegen andere Wechselverpflichtete zur Annahme der Zahlung verbunden war.[1]

Die gezahlte Wechselsumme muß von dem letzten Wechselregreßschuldner[2] oder, falls derselbe den Wechsel für Rechnung eines Dritten begeben hatte, von diesem erstattet werden, wenn dem letzten Wechselregreßschuldner oder dem Dritten zu der Zeit, als er den Wechsel begab oder begeben ließ, einer der im §. 23 Nr. 1 erwähnten Umstände bekannt war.

[1] D. i. wenn der Empfänger zur Sicherung eines ihm gegen andre, aus demselben Wechsel verpflichtete Personen zustehenden Anspruchs hätte Protest Mangels Zahlung erheben müssen.

[2] D. i. derjenige, auf welchen der Regreß in letzter Linie zurückgekommen wäre, wenn der Gemeinschuldner nicht gezahlt hätte und Protest Mangels Zahlung erhoben wäre.

28. Die Anfechtung wird dadurch nicht ausgeschlossen, daß für die anzufechtende Rechtshandlung ein vollstreckbarer Schuldtitel[1] erlangt, oder daß dieselbe durch Zwangsvollstreckung oder durch Vollziehung eines Arrestes[2] erwirkt worden ist.[3]

[1] §§ 644, 702 C.P.O.

[2] §§ 708, 757, 808 C.P.O. Vgl. Anm. 7 zu § 23.

[3] Einer besondren Anfechtung des vollstreckbaren Titels bedarf es nicht. Mot. 143, 144.

29. Das Anfechtungsrecht wird von dem Verwalter[1] ausgeübt.

[1] §§ 70—78. Nicht von Gläubigern: Mot. 145, 146, doch sind dieselben zur Nebenintervention berechtigt. Pr. 26. §§ 63 ff. C.P.O. Nach Beendigung des Verfahrens können sie Anfechtungsrechte geltend machen, deren Ausübung der Verwalter absichtlich unterlassen hat. § 13 Abs. 4 R.Ges. v. 21./7. 79 (R.G.B. 277). § 153 Abs. 2. Uebernahme anhängiger Anfechtungsprozesse durch den Verwalter: § 13 Abs. 1 R.Ges. v. 21./7. 79 (R.G.B. 277). — Der Gemeinschuldner kann in Anfechtungsprozessen als Zeuge vernommen werden. Reichsgericht v. 16./2. 91 (Rassow u. Küntzel XXXV, 1166). Vgl. auch Anm. 3 zu § 22.

Wirkung.

30. Was durch die anfechtbare Handlung aus dem Vermögen des Gemeinschuldners veräußert, weggegeben oder aufgegeben ist,[1] muß zur Konkursmasse[2] zurückgewährt werden.[3]

Der gutgläubige Empfänger einer unentgeltlichen Leistung[4] hat dieselbe nur so weit zurückzugewähren, als er durch sie bereichert[5] ist.

[1] Mehr nicht. R.G. XVI, 26. Wegen Früchte und Zinsen vgl. R.G. XXIV, 143. Wenn nicht mehr in Natur vorhanden, der Werth: dagegen besteht ein Anspruch auf Erstattung des darüber hinaus bei der Weiterveräußerung erzielten Gewinnes nicht. R.G. XXVII, 23. — Wegen Früchte und Zinsen vgl. R.G. XXIV, 145. — Sind durch einen Vertrag mehrere Gegenstände für einen einheitlichen Preis weggegeben worden, so ist der Vertrag nur hinsichtlich derjenigen Gegenstände anfechtbar, in Ansehung deren die Gläubiger benachtheiligt sind. R.G. XXI, 98.

[2] Die einem Hypothekengläubiger zugetheilten Erstehungsgelder fallen, wenn die Hypothek mit Erfolg vom Konkursverwalter angefochten ist, der Konkursmasse und nicht dem nachstehenden Hypothekengläubiger, welcher Anfechtungsklage nicht erhoben hat, zu. R.G. XX, 29. Reichsgericht v. 23./1. 89 (Rassow u. Küntzel XXXIV, 893). Der Cessionar einer vom Gemeinschuldner cedirten Forderung ist nach durchgeführter Anfechtung der Cession verpflichtet, den Betrag der von ihm eingezogenen Forderung zur Konkursmasse zurückzugewähren. Reichsgericht v. 23./3. 88 (Rassow u. Küntzel XXXII, 1157).

[3] Vom Empfänger; von dritten Erwerbern nur unter den Voraussetzungen des § 33. — Von mehreren Theilnehmern an einer anfechtbaren Rechtshandlung haftet jeder nur nach dem Verhältnisse seiner rechtlichen Betheiligung an dem Geschäfte gegenüber dem Gemeinschuldner. R.G. XXIV, 143.

[4] Vgl. Anm. 4 zu § 25. — In den Fällen der §§ 23, 24 ist die Verpflichtung zur Rückgewähr des Weggegebenen oder Aufgegebenen nicht auf das Maß der Bereicherung beschränkt.

31. Die Gegenleistung ist[1] aus der Konkursmasse zu erstatten, soweit sie sich in derselben befindet,[2] oder soweit die Masse[3] um ihren Werth bereichert ist.[4] Darüber hinaus kann ein Anspruch[5] nur als Konkursforderung geltend gemacht werden.

[1] Dem Vertragsgenossen des Gemeinschuldners. Anm. 3 zu § 33.

[2] Masseanspruch: § 52 Nr. 1.

[3] Nicht der Gemeinschuldner. Vgl. § 37. Mot. 149. — Begriff der Bereicherung: R.G. XVI, 25.

[4] Masseanspruch: § 52 Nr. 3.

[5] Wenn er nach bürgerlichem Recht besteht.

32. Wenn der Empfänger einer anfechtbaren Leistung das Empfangene zurückgewährt, so tritt seine Forderung[1] wieder in Kraft.

[1] Als Konkursforderung. Mot. 150.

Anfechtung gegen Rechtsnachfolger.

33. Die gegen den Erblasser begründete Anfechtung findet gegen den Erben statt.

Gegen einen anderen Rechtsnachfolger[1] desjenigen, welchem gegenüber die anfechtbare Handlung vorgenommen ist, findet die gegen den letzteren begründete Anfechtung[2] statt:[3]

1. wenn ihm zur Zeit seines Erwerbes bekannt war, daß der Gemeinschuldner die Rechtshandlung in der Absicht vorgenommen hatte, seine Gläubiger zu benachtheiligen;[4]
2. wenn er zu den im §. 24 Nr. 2 genannten Personen gehört[5] und nicht beweist, daß er zur Zeit seines Erwerbes von den Umständen, welche die Anfechtung gegen den Rechtsvorgänger begründen,[6] keine Kenntniß hatte.

[1] Rechtsnachfolger ist auch, wer ein Recht an der veräußerten Sache erlangt hat. (Hypothek, Pfundrecht, Altentheil.) R.G. IX, 87, XV, 369, XXV, 412. —

[2] Der Anfechtende hat in diesem Falle ein doppeltes Klagrecht gegen den ursprünglichen Empfänger auf Werthersatz und gegen

dessen Rechtsnachfolger auf Rückgewähr des Weggegebenen. Wegen Verbindung beider Ansprüche vgl. R.G. XXVII, 23.

[3] Der Rechtsnachfolger hat die dem Vertragsgenossen des Gemeinschuldners gegebene Gegenleistung von diesem zurückzufordern. Ob er die Rechte des Vertragsgenossen gegen die Masse (§ 31) ohne Cession ausüben kann, bestimmt sich nach bürgerlichem Recht. Mot. 153.

[4] § 24 Nr. 1: mag auch die Anfechtung gegen den Vertragsgenossen des Gemeinschuldners aus einem andern Grunde der §§ 23—25 begründet sein. Mot. 152.

[5] Es kommt auf sein Verwandtschaftsverhältniß zum Gemeinschuldner, nicht zu seinem Rechtsvorgänger an. R.G. XIX, 203.

[6] Gleichviel, aus welchem Grunde der §§ 23—25 die Anfechtung begründet war. Mot. 153.

Verjährung.

34. Das Anfechtungsrecht [1] verjährt in einem Jahre seit der Eröffnung des Verfahrens.

[1] Die Klage wie die Einrede. Mot. 154.

Vierter Titel.

Aussonderung.

Die in §§ 36—38 bezeichneten Ausdehnungen finden auch auf Ansprüche Anwendung, die vor dem Inkrafttreten der K.O. entstanden sind; soweit § 37 gegenüber dem bisherigen Landesrecht eine Einschränkung enthält, bleiben die vor dem Inkrafttreten der K.O. erworbenen Eigenthumsrechte aussonderungsberechtigt. Mot. 471. Pr. 137.

Der Aussonderungsanspruch ist unabhängig vom Konkursverfahren gegen den Konkursverwalter durchzuführen. Anm. 2 zu § 3. § 5. Mot. 156.

Die Aussonderung erfolgt nur gegen Erfüllung der dem Gemeinschuldner oder der Masse in Beziehung auf die zurückgeforderte Sache nach bürgerlichem Recht zustehenden Gegenforderung. Mot. 157.

Mitwirkung des Gläubigerausschusses: § 121 Nr. 2.

35. Die Ansprüche auf Aussonderung eines dem Gemeinschuldner nicht gehörigen[1] Gegenstandes[2] aus der Konkursmasse auf Grund eines dinglichen oder persönlichen Rechts bestimmen sich nach den außerhalb des Konkursverfahrens geltenden Gesetzen.[3]

[1] Die Anfechtung einer Eigenthumsübertragung auf Grund der §§ 22 ff. begründet kein Aussonderungsrecht. R.G. XIII, 6.

[2] Gegenstände sind nicht blos körperliche Sachen, auch Rechte. Mot. 188.

[3] Nach den allgemeinen Bestimmungen: die von diesen abweichenden, für den Konkurs geltenden landesrechtlichen Sonderbestimmungen sind aufgehoben. § 4 E.G. Mot. 158.

Verfolgungsklage.

36. Der Verkäufer oder Einkaufskommissionär[1] kann Waaren, welche von einem anderen Orte an den Gemeinschuldner abgesendet[2] und von dem Gemeinschuldner noch nicht vollständig bezahlt sind, zurückfordern,[3] sofern nicht dieselben schon vor der Eröffnung des Verfahrens an dem Orte der Ablieferung angekommen und in den Gewahrsam[4] des Gemeinschuldners oder einer anderen Person für ihn[5] gelangt sind.[6]

Die Bestimmungen des §. 15 finden Anwendung.

[1] Art. 360 H.G.B.

[2] Von dem Verkäufer bzw. Einkaufskommissionär oder in dessen Auftrage: nicht auch, wenn im Auftrage des Käufers. R.G. XXVII, 87.

[3] Der Eigenthumsübergang gilt in diesem Falle rechtlich als ungeschehen. Mot. 168. Pr. 33. — Die vertragsmäßig vom Käufer zu tragenden Kosten der Lieferung hat der Verkäufer nicht zu erstatten. Mot. 168, 169. — Die Klage geht gegen den Inhaber. Ob der dritte Erwerber der Waare gegen den Verkäufer Eigen-

thumsrechte geltend machen kann, richtet sich danach, wieweit das bürgerliche Recht denjenigen schützt, der Waaren vom Nichteigenthümer erworben hat. Dasselbe gilt von Pfandrechten dritter Personen. Mot. 170. Vgl. Art. 306, 307, 649 H.G.B. Dagegen kann die Rückgabe wegen eines dem Inhaber gegen den Käufer zustehenden kaufmännischen Retentionsrechts, Art. 313, 314 H.G.B., nicht verweigert werden. R.G. VIII, 84.

[4] Die thatsächliche Innehabung. R.G. VIII, 87. Aushändigung des Frachtbriefes (Art. 402 H.G.B.) steht an sich der Verfolgungsklage nicht entgegen. R.G. XXVII, 85.

[5] Z. B. Art. 649 H.G.B.

[6] Eine demnächstige Stellung der Waaren zur Verfügung des Absenders läßt das Verfolgungsrecht nicht wieder aufleben. R.G. VIII, 88.

37. Die Ehefrau des Gemeinschuldners[1] kann Gegenstände, welche sie während der Ehe erworben hat,[2] nur in Anspruch nehmen,[3] wenn sie beweist, daß dieselben nicht mit Mitteln des Gemeinschuldners erworben sind.[4][5]

[1] Ehemännlicher Nießbrauch: § 1 Abs. 2.

[2] Und die ihr nach bürgerlichem Recht gehö ren. § 38. Mot. 176, 180

[3] Sofern nicht die Anfechtung durchgreift. §§ 24 Nr. 2, 25 Nr. 2.

[4] Unbeschadet der nach bürgerlichem Recht zu begründenden, außerhalb des Konkursverfahrens auszuübenden Befugniß der Gläubiger, sich wegen der Schulden des Mannes an das Sondervermögen der Frau zu halten. Mot. 183. Auseinandersetzung der gütergemeinschaftlichen Verhältnisse: §§ 14, 44. Vgl. Anm. 1 zu 14.

[5] § 37 bezieht sich nur auf Sachen, die die Ehefrau von Dritten, nicht auf solche, die sie von dem Manne erworben hat. R.G. XIV, 21.

Veräußerung auszusondernder Gegenstände.

38. Sind Gegenstände, deren Aussonderung aus der Konkursmasse hätte beansprucht werden können, vor der Eröffnung des Verfahrens von dem Gemeinschuldner oder nach der Eröffnung der Verfahrens von dem Verwalter veräußert worden, so ist der Aussonderungsberechtigte befugt, die Abtretung des Rechts auf die Gegenleistung, soweit diese noch aussteht, zu verlangen. Er kann die Gegenleistung aus der Masse[1] beanspruchen, soweit sie nach der Eröffnung des Verfahrens[2] zu derselben eingezogen worden ist.

[1] Masseanspruch: § 52 Nr. 3.
[2] Sonst Konkursforderung.

Fünfter Titel.

Absonderung.

Vor dem Inkrafttreten der K.O. entstandene Ansprüche: §§ 11 bis 13 E.G.

Die Absonderung betrifft im Gegensatz zur Aussonderung Gegenstände, die dem Gemeinschuldner gehören. Vgl. auch Anm. 2 zu § 35.

Die abgesonderte Befriedigung erfolgt außerhalb des Konkursverfahrens. § 3 Abs. 2. Anm. 2 zu § 3. – Vgl. auch § 121 Nr. 2.

Geltendmachung der Forderung im Konkurse: § 57; ohne laufende Zinsen: § 56 Nr. 1.

Unbewegliche Sachen.

39. Zur abgesonderten Befriedigung dienen die Gegenstände, welche in Ansehung der Zwangsvollstreckung zum unbeweglichen Vermögen gehören,[1] insoweit ein dingliches oder sonstiges Recht auf vorzugsweise Befriedigung aus denselben besteht.

Den Umfang der Immobiliarmasse, sowie den Umfang und die Rangordnung der aus derselben zu berichtigenden Ansprüche bestimmen die Reichsgesetze[2] und Landesgesetze.[3]

[1] Zwangsvollstreckung in das unbewegliche Vermögen richtet sich nach Landesrecht. § 757 C.P.O. Sie erfolgt im Konkurse so, wie sie außerhalb des Konkurses bewirkt werden kann. Reichsgericht v. 18./2. 91 (Rassow und Küntzel XXXV, 1023). Der Verwalter kann sie betreiben. § 116.

[2] Art. 757—773 H.G.B.

[3] Preußen: §§ 1, 16, 23—38, 147, 148, 156, 171 Ges. v. 13./7. 83 (Ges. Samml. 131). — Bayern: Art. 2, 8, 169, 172 Ges. v. 23./2. 79 (Ges. u. Verord.Bl. 203). Ges. v. 29./5. 86 (Ges. u. Verord.Bl. 239). — Sachsen: §§ 2, 3 ff. Ges. v. 15./8. 84 (Ges. u. Verord. Bl. 223). — Württemberg: § 2 Verf. v. 1./10. 79 (Reg.Bl. 423). — Baden: § 41 Ges. v. 3./3. 79 (Ges. u. Verord.Bl. 91). §§ 1 ff. Bekanntm. v. 10./7. 91 (Ges. u. Verord.Bl. 127). — Elsaß-Lothringen: § 28 Ges. v. 4./4. 80 (Ges.-Bl. 93).

40. Gläubiger, welche an einer beweglichen körperlichen Sache, an einer Forderung oder an einem anderen Vermögensrechte des Gemeinschuldners ein Faustpfandrecht haben,[1] können aus den ihnen verpfändeten Gegenständen abgesonderte Befriedigung wegen ihrer Pfandforderung[2] verlangen,[3] zunächst wegen der Kosten, dann wegen der Zinsen, zuletzt wegen des Kapitals.[4]

[1] Die zur Bestellung gehörigen Förmlichkeiten richten sich nach bürgerlichem Recht. Mot. 197. Pr. 105. § 16 E.G. R.G. XIX, 26. Wegen der nöthigen Besitzübertragung vgl. §§ 14, 15 E.G.

[2] Das Recht, die Pfandsache wegen anderer, nur persönlicher Forderungen zurückzubehalten, ist aufgehoben. Mot. 206. Aber § 41 Nr. 8.

[3] Der Verwalter kann die Verwerthung betreiben. § 117.

[4] Kollisionen zwischen mehreren Faustpfandrechten sind nach bürgerlichem Recht zu entscheiden. Mot. 218—220. Vgl. Art. 781 H.G.B.

41. Den Faustpfandgläubigern stehen gleich:[1]

1. die Reichskasse, die Staatskassen und die Gemeinden, sowie die Amts-, Kreis- und Provinzial-

verbände wegen öffentlicher Abgaben, in Ansehung der zurückgehaltenen oder in Beschlag genommenen zoll- und steuerpflichtigen Sachen;[2]

2. Verpächter wegen des laufenden[3] und des rückständigen Zinses, sowie wegen anderer Forderungen aus dem Pachtverhältnisse,[4] in Ansehung der Früchte des Grundstücks[5] und der eingebrachten Sachen,[6] sofern die Früchte oder Sachen sich noch auf dem Grundstücke befinden;[7]

3. Pächter in Ansehung des in ihrem Gewahrsam befindlichen Inventars[8] wegen der Forderungen für dieses;

4.*) Vermiether in Ansehung der eingebrachten Sachen,[9] sofern die Sachen sich noch auf dem Grundstücke befinden, wegen des laufenden[3] und des für das letzte Jahr vor der Eröffnung des Verfahrens rückständigen Zinses, sowie wegen anderer Forderungen aus dem Miethverhältnisse,[4] **jedoch mit der Einschränkung, daß dem Vermiether, soweit er eine solche Forderung in Folge der Kündigung des Verwalters (§. 17 Nr. 1) geltend machen kann, wegen dieser Forderung der Anspruch auf abgesonderte Befriedigung nicht zusteht;**

5. Gastwirthe wegen ihrer Forderungen für Wohnung und Bewirthung des Gastes, in Ansehung der von demselben eingebrachten, von ihnen zurückbehaltenen Sachen;

6. Künstler, Werkmeister, Handwerker und Arbeiter wegen ihrer Forderungen für Arbeit und Aus-

---

*) In der Fassung des Gesetzes, betreffend Abänderung des §. 41 der Konkursordnung, vom 9. Mai 1894, R.G.Bl. Nr. 21, S. 439; in Kraft getreten am 26. Mai 1894; auf vorher eröffnete Konkurse nicht anwendbar.

lagen, in Ansehung der von ihnen gefertigten oder ausgebesserten, noch in ihrem Gewahrsam befindlichen Sachen;

7. diejenigen, welche etwas zum Nutzen einer Sache verwendet haben, wegen des, den noch vorhandenen Vortheil nicht übersteigenden Betrages ihrer Forderung aus der Verwendung, in Ansehung der zurückbehaltenen Sache;
8. diejenigen, denen nach dem Handelsgesetzbuche an gewissen Gegenständen ein Pfandrecht oder Zurückbehaltungsrecht zusteht,[10] in Ansehung dieser Gegenstände;
9. diejenigen, welche durch Pfändung ein Pfandrecht erlangt haben,[11] in Ansehung der gepfändeten Gegenstände.

[1] § 41 behandelt nur das Verhältniß der Gläubiger untereinander im Konkurse. R.G. VI, 303. Vgl. jedoch §§ 709 Abs. 2, 810 C.P.O. — Den in § 41 nicht anerkannten landesrechtlichen Zurückbehaltungsrechten ist die Wirksamkeit im Konkurse versagt. R.G. XX, 136. — Reihenfolge der Absonderungsrechte: Preußen: § 6 Ges. v. 6./3. 79 (Ges.Samml. 109). — Bayern: Art. 140 Ges. v. 23./2. 79 (Ges. u. Verord.Bl. 63). — Elsaß-Lothringen: § 20 Abs. 2 Ges. v. 8./7. 79 (Ges.Bl. 67).

[2] §§ 14, 100 Vereinszollges. v. 1./7. 69 (B.G.B. 317): Art. 33—40 Verf. d. D. R. v. 16./4. 71 (B.G.B. 72). Vgl. auch § 54 Nr. 2.

[3] Bis zur Beendigung des Pacht- oder Miethverhältnisses. R.G. XIII, 256. Vgl. jedoch auch Anm. 1 zu § 17, § 52 Nr. 2.

[4] Der Verpächter insbesondere auch wegen des durch die Kündigung des Verwalters (§ 17 Nr. 1) begründeten Entschädigungsanspruchs. R.G. VII, 20; Reichsgericht v. 9./2. 84 (Rassow u. Küntzel XXVIII, 1175), der Vermiether hat nach Nr. 4 nur eine Konkursforderung.

[5] Sofern nach bürgerlichem Recht die Früchte in das Eigenthum des Pächters gelangt sind.

[6] D. h. alle dem Pachtzweck entsprechend, wenn auch nur vorübergehend, auf dem Grundstücke befindlichen Sachen. Mot. 209. — Bayern: Art. 200 Ges. vom 23./2. 79 (Ges. u. Verord.Bl. 63).

[7] Nicht auch, wenn sie vor der Konkurseröffnung von dem Grundstück heimlich oder gewaltsam fortgebracht sind. R.G. VIII, 100. Die Fortschaffung aus den vermietheten Räumen hebt das Recht nicht auf, sofern die Sachen auf dem Grundstücke geblieben sind. R.G. X, 323.

[8] Sofern es nach bürgerlichem Recht Eigenthum des Verpächters ist.

[9] Analog Anm. 6. — Der Vermiether hat im Konkurse des Aftermiethers kein Absonderungsrecht an den Illaten des letzteren. R.G. XIII, 41.

[10] Kaufleute für Forderungen aus beiderseitigen Handelsgeschäften: Art. 313—315; Kommissionäre: Art. 374; Spediteure: Art. 382; Frachtführer: Art. 409, 410; Verfrachter im Seehandel: Art. 624, 626, 629, 675; Bodmereigläubiger: Art. 680, 697, 762; Vergütungsberechtigte bei Haverie grosse: Art. 727; Gläubiger für Bergungs- und Hülfskosten: Art. 753, §§ 20, 21 Strandungs-Ord. v. 17./5. 74 (R.G.B. 73); Schiffsgläubiger: Art. 757, 758, 761, 763; Seeversicherungsnehmer: Art. 893. — Unterschied zwischen Pfandrecht und kaufmännischem Zurückbehaltungsrecht: Anm. 3 zu § 36.

[11] §§ 709, 810 C.P.O.

42.[1] Wer nach der Eröffnung des Konkursverfahrens oder mit Kenntniß des Eröffnungsantrages oder der Zahlungseinstellung eine Konkursforderung dem im Auslande wohnenden Inhaber eines zur Konkursmasse gehörigen Gegenstandes oder in der Absicht, daß dieser die Forderung erwerbe, einer Mittelsperson abtritt, ist verpflichtet, zur Konkursmasse den Betrag zu ersetzen, welcher derselben dadurch entgeht, daß der Inhaber für die Forderung nach dem Rechte des Auslandes entgegen den Bestimmungen dieses Gesetzes ein Absonderungsrecht an dem Gegenstande ausübt.[2] Die Vorschrift des §. 26 findet entsprechende Anwendung.

[1] Vor dem Inkrafttreten der K.O. abgetretene Forderungen: § 10 E.G.

[2] D. i. die Differenz zwischen dem Werthe der Sache und dem Betrage, der bei der Anmeldung der Forderung im Konkurse auf dieselbe entfallen wäre.

Erbschaft.

43. Hat der Gemeinschuldner vor der Eröffnung des Konkursverfahrens eine Erbschaft erworben, so können die Nachlaßgläubiger und Vermächtnißnehmer abgesonderte Befriedigung aus den bei der Eröffnung vorhandenen Nachlaßgegenständen[1] verlangen,[2] soweit ihnen ein Absonderungsanspruch nach den Bestimmungen der Landesgesetze zusteht.[3]

[1] Das Absonderungsrecht trifft, wenn ohne Vorbehalt angetreten ist, die in der Konkursmasse noch vorhandenen, nach bürgerlichem Recht als Theile des Nachlasses zu betrachtenden Nachlaßgegenstände als einzelne Sachen, nicht die Erbschaft als Inbegriff: über den überschuldeten Nachlaß kann ein Konkursverfahren nur eröffnet werden, wenn der Erbe fehlt oder nur als Benefizialerbe haftet. Mot. 233. §§ 208 ff. — Wird von dem Absonderungsrecht kein Gebrauch gemacht, so kann der Konkursverwalter die dem Gemeinschuldner zustehende Rechtswohlthat des Inventars geltend machen und hat in diesem Falle nachzuweisen, inwieweit eine Beschränkung der Haftung eintritt. Ein Streit hierüber ist im Feststellungsverfahren zu erledigen. R.G. XXIV, 63.

[2] §§ 500 ff. Preuß. Allg. Landrecht I, 16; Art. 878 ff. code civil; §§ 2334 ff. Sächs. Bürg. G.B. Bayern: Art. 87 Ges. v. 23./2. 79 (Ges. u. Verord.Bl. 63). — Württemberg: Art. 8 Ges. v. 18./8. 79 (Reg.Bl. 268).

[3] Die Gläubiger des erbenden Gemeinschuldners haben kein Absonderungsrecht. Mot. 223.

Gemeinschaft.

44. Wer sich mit dem Gemeinschuldner in einem Miteigenthume, in einer Gesellschaft oder in einer anderen Gemeinschaft[1] befindet, kann wegen der auf ein solches Verhältniß sich gründenden Forderungen[2] abgesonderte Befriedigung aus dem bei der Theilung oder sonstigen Auseinandersetzung[3] ermittelten[4] Antheile des Gemeinschuldners verlangen.

[1] Vgl. Anm. 1 zu § 14. — Jedoch hat der stille Gesellschafter kein Absonderungsrecht. Mot. 225. Art. 258 H.G.B. Reichsgericht v. 7./7. 84 (Rassow und Küntzel XXIX, 1000).

[2] Darunter können nicht die Forderungen verstanden werden, welche darauf beruhen, daß der Gemeinschuldner mit der Gesellschaft 2c. in einem Geschäftsverkehr gestanden hat. Hier nur Aufrechnungsbefugniß. R.G. XXVI, 113.

[3] Außerhalb des Konkursverfahrens, § 14. — Bayern: Art. 194 Ges. v. 23./2. 79 (Ges. u. Verord.Bl. 63). — Württemberg: Art. 10 Ges. v. 18./8. 79 (Reg.Bl. 208). — Baden: § 40 Ges. v. 3./3. 79 (Ges. u. Verord.Bl. 91).

[4] Nach Tilgung der Gemeinschaftsschulden verbleibenden. Mot. 225. R.G. XXVI, 113.

Lehen- 2c. Gläubiger.

45. Die Befriedigung der Lehen-, Stammguts- oder Familienfideikommiß-Gläubiger erfolgt abgesondert aus dem Lehen, Stammgute oder Familienfideikommisse nach den Vorschriften der Landesgesetze.[1]

[1] § 5 Nr. 1 E.G.

Sechster Titel.
Aufrechnung.

Vor dem Inkrafttreten der K.O. erworbene Forderungen: § 10 E.G.

Die Aufrechnung wird wie eine abgesonderte Befriedigung des

Gläubigers aus seiner Schuld an die Konkursmasse behandelt. Mot. 219.

Die Aufrechnung gegen Forderungen des Gemeinschuldners, welche nach der Konkurseröffnung entstanden sind, ist den Konkursgläubigern nicht verwehrt. R.G. XXVI, 67.

Die §§ 46—49 gelten nur für die Dauer des Konkurses. Sie enthalten, soweit sie die Aufrechnung ausschließen, zwingendes Recht. Mot. 228.

46. Soweit ein Gläubiger zu einer Aufrechnung befugt ist,[1] braucht[2] er seine Forderung im Konkursverfahren nicht geltend zu machen.

[1] Nach bürgerlichem Recht. Unzulässigkeit der Aufrechnung: zwischen Gesellschaftsforderung und Forderung gegen einzelne Gesellschafter bei offenen Handelsgesellschaften und Kommanditgesellschaften: Art. 121, 169 H.G.B.; bei Genossenschaften: §§ 22, 98 R.Ges. v. 1./5. 89 (R.G.B. 55); Waarenkredit gewerblicher Arbeiter: § 118 Gewerbeordnung (R.G.B. v. 1891 S. 268); bei Krankenkassenunterstützungen: § 56 R.Ges. v. 15./6. 83 (R.G.B. 93) Art. 8 R.Ges. v. 1./6. 84 (G.G.B. 54).

47.[1] Die Aufrechnung wird nicht dadurch ausgeschlossen, daß zur Zeit der Eröffnung des Verfahrens die aufzurechnenden Forderungen oder die eine von ihnen noch betagt oder noch bedingt war, oder die Forderung des Gläubigers nicht auf einen Geldbetrag gerichtet war.

Eine betagte Forderung des Gläubigers[2] ist zum Zwecke der Aufrechnung nach der Vorschrift des §. 58[3] zu berechnen.

Zum Zwecke der Aufrechnung einer aufschiebend[4] bedingten Forderung bei dem Eintritte der Bedingung[5] kann der Gläubiger Sicherstellung[6] insoweit[7] verlangen, als die Forderung der von ihm einzuzahlenden Schuld gleichkommt.[8]

Eine nicht auf Geld gerichtete Forderung des Gläubigers ist zum Zwecke der Aufrechnung nach den Vorschriften der §§. 62, 63 zu berechnen.

[1] Der § 47 betrifft nur die Aufrechnungsbefugniß des Gläubigers, nicht auch die des Verwalters. Letztere richtet sich lediglich nach bürgerlichem Recht.

[2] Die Theilnahme am Konkursverfahren kann unter Umständen den Verlust der Aufrechnungsbefugniß (für den Ausfall) zur Folge haben. R.G. XXVI, 116.

[3] Eine betagte Schuld des Gläubigers wird voll berechnet. Mot. 223. [3] Und des § 63.

[4] Auflösend bedingte Forderungen können aufgerechnet werden, wie unbedingte. Ob der Verwalter Sicherheitsleistung fordern kann, bemißt sich nach bürgerlichem Recht.

[5] Und einer illiquiden Forderung beim Eintritt der Liquidität, sofern außerhalb des Konkurses Liquidität der Gegenforderung Erforderniß der Aufrechnung ist. [6] § 101 C.P.O. § 158.

[7] Anders: § 60; vgl. Anm. 3 zu § 60. — Vor Eintritt der Bedingung bezw. Liquidität kann die Zahlung nicht verweigert werden. [8] Bei Schlußvertheilung: § 158.

48. Eine Aufrechnung im Konkursverfahren ist unzulässig:

1. wenn Jemand vor oder nach der Eröffnung des Verfahrens eine Forderung an den Gemeinschuldner erworben hat und nach der Eröffnung etwas zur Masse[1] schuldig geworden ist;
2. wenn Jemand dem Gemeinschuldner vor der Eröffnung des Verfahrens etwas schuldig war und nach derselben eine Forderung an den Gemeinschuldner erworben hat,[2] auch wenn diese Forderung vor der Eröffnung für einen anderen Gläubiger entstanden war;

3. wenn Jemand vor der Eröffnung des Verfahrens dem Gemeinschuldner etwas schuldig war und[3] eine Forderung an den Gemeinschuldner durch ein Rechtsgeschäft mit demselben oder durch Rechtsabtretung oder Befriedigung eines Gläubigers erworben hat, falls ihm zur Zeit des Erwerbes bekannt war, daß der Gemeinschuldner seine Zahlungen eingestellt hatte, oder daß die Eröffnung des Verfahrens beantragt war.[4] Die Vorschrift des §. 26 findet entsprechende Anwendung.

Die Aufrechnung ist zulässig, wenn der Erwerber zur Uebernahme der Forderung oder zur Befriedigung des Gläubigers verpflichtet war und zu der Zeit, als er die Verpflichtung einging, weder von der Zahlungseinstellung noch von dem Eröffnungsantrage Kenntniß hatte.

[1] Die Aufrechnung der nach der Konkurseröffnung entstandenen Schulden an den Gemeinschuldner mit den nachher entstandenen Forderungen an denselben, sowie von Schulden an die Masse mit Forderungen an diese bestimmt sich nach bürgerlichem Recht.

[2] Mit Masseschulden wird aufgerechnet. § 52.

[3] Nach Entstehung der Schuld. Wenn vorher, nur Anfechtung des die Schuld begründenden Rechtsgeschäfts. R.G. XXVI, 81. § 23, Nr. 2. Mot. 237.

[4] § 23 Nr. 1.

49. Die Bestimmung des §. 42 findet entsprechende Anwendung auf den Fall, daß ein im Auslande wohnender Schuldner nach dem Rechte des Auslandes eine nach §. 48 unzulässige Aufrechnung mit der ihm abgetretenen Konkursforderung vornimmt.

Siebenter Titel.

Massegläubiger.

Vgl. §§ 121, 159, 176.

50. Aus der Konkursmasse sind die Massekosten und Masseschulden vorweg[1] zu berichtigen.[2]

[1] Unabhängig vom Gange der Vertheilung im Konkursverfahren. Mot. 248. — § 95 G.K.G.

[2] Massegläubiger, welchen Absonderungsrechte zustehen: R.G. XIV, 3.

Massekosten.

51. Massekosten sind:

1. die gerichtlichen Kosten für das gemeinschaftliche Verfahren;[1]
2. die Ausgaben für die Verwaltung,[2] Verwerthung und Vertheilung der Masse;[3]
3. die dem Gemeinschuldner und dessen Familie bewilligte Unterstützung.[4]

[1] Gemäß §§ 51, 55, 58 Abs. 1, und falls die Kosten der Beschwerde dem Verwalter zur Last fallen, § 57 G.K.G. — Dagegen: § 56 Nr. 2.

[2] Insbesondere §§ 77, 83. — Im Konkurse eines Gewerken können die zum Betriebe des Bergwerks ausgeschriebenen Zubußen nur dann als Massekosten geltend gemacht werden, wenn sie für den in die Zeit nach der Konkurseröffnung fallenden Betrieb erforderlich sind und zur Verwendung kommen. R.G. XVII, 174.

[3] Die Kosten der abgesonderten Befriedigung nur im Falle der §§ 116, 117. Mot. 242.

[4] §§ 118 Abs. 1, 120 Abs. 1.

Masseschulden.

52. Masseschulden sind:

1. die Ansprüche, welche aus Geschäften oder Handlungen des Konkursverwalters entstehen;[1]
2. die Ansprüche aus zweiseitigen Verträgen,[2] deren Erfüllung zur Konkursmasse verlangt wird[3] oder für die Zeit nach der Eröffnung des Verfahrens erfolgen muß;[4]
3. die Ansprüche aus einer rechtlosen Bereicherung der Masse.[5]

[1] Darunter die Kosten der von dem Konkursverwalter oder gegen diesen aufgenommenen Prozesse. §§ 8, 9. — Masseschuld ist auch der Schadensersatz dafür, daß der Verwalter versehentlich Gegenstände als zur Konkursmasse gehörig verkauft hat. Reichsgericht v. 1./12. 86 (Rassow u. Küntzel XXXI, 397). — Vgl. auch § 1 Abs. 2.

[2] Nämlich Ansprüche auf die rückständige Leistung, nicht aber Gewährleistungs- und ähnliche Ansprüche aus der vom Gemeinschuldner geleisteten Erfüllung. Mot. 245.

[3] § 15.

[4] §§ 17, 19, 20. Vgl. Anm. 1 zu § 17.

[5] §§ 6 Abs. 2, 31, 38, 135. — Vgl. Anm. 3 zu § 31.

53. Sobald sich herausstellt, daß die Konkursmasse zur vollständigen Befriedigung aller Massegläubiger nicht ausreicht, tritt eine verhältnißmäßige Befriedigung derselben in der Weise ein, daß zunächst die Masseschulden, dann die Massekosten, von diesen zuerst die baaren Auslagen und zuletzt die dem Gemeinschuldner und dessen Familie bewilligte Unterstützung zu berichtigen sind.

Achter Titel.

Konkursgläubiger.

Gilt auch für die vor dem Inkrafttreten der K.O. entstandenen Forderungen. R.G. XVII, 41.

Rangordnung.

54. Die Konkursforderungen[1] werden nach folgender Rangordnung, bei gleichem Range nach Verhältniß ihrer Beträge, berichtigt:[2]

1.[3] die für das letzte Jahr vor der Eröffnung des Verfahrens[4] oder dem Ableben des Gemeinschuldners rückständigen[5] Forderungen an Lohn, Kostgeld oder anderen Dienstbezügen der Personen, welche sich dem Gemeinschuldner für dessen Haushalt, Wirthschaftsbetrieb oder Erwerbsgeschäft zu dauerndem Dienste verdungen hatten;[6]

2. die Forderungen der Reichskasse, der Staatskassen und der Gemeinden, sowie der Amts-, Kreis- und Provinzialverbände wegen öffentlicher Abgaben,[7] welche im letzten Jahre vor der Eröffnung des Verfahrens völlig geworden sind,[4] oder nach §. 58 als fällig gelten; es macht hierbei keinen Unterschied, ob der Steuererheber die Abgabe bereits vorschußweise zur Kasse entrichtet hat;

3. die Forderungen der Kirchen und Schulen, der öffentlichen Verbände[8] und der öffentlichen, zur Annahme der Versicherung verpflichteten Feuerversicherungsanstalten wegen der nach Gesetz oder Verfassung zu entrichtenden Abgaben und

Leistungen aus dem letzten Jahre[8] vor der Eröffnung des Verfahrens;[9]

4. die Forderungen der Aerzte,[10] Wundärzte, Apotheker, Hebammen und Krankenpfleger wegen Kur- und Pflegekosten aus dem letzten Jahre vor der Eröffnung des Verfahrens, insoweit der Betrag der Forderungen den Betrag der taxmäßigen Gebührnisse nicht übersteigt;

5. die Forderungen der Kinder und der Pflegebefohlenen des Gemeinschuldners[11] in Ansehung ihres gesetzlich der Verwaltung desselben unterworfenen Vermögens;[12] das Vorrecht steht ihnen nicht zu, wenn die Forderung nicht binnen zwei Jahren nach Beendigung der Vermögensverwaltung gerichtlich geltend gemacht und bis zur Eröffnung des Verfahrens verfolgt worden ist;[13]

6. alle übrigen Konkursforderungen.

[1] Die Vorrechte des § 54 sind nicht unbedingt an die Person des ursprünglichen Inhabers gebunden, sondern können im Falle der Uebertragung der Forderungen auf andere Personen mit übergehen. R.G. III, 38.

[2] Anmeldung der Vorrechte: §§ 127, 128, 130 Abs. 2.

[3] Ferner: rückständige Krankenkassenbeiträge: § 55 R.Ges. v. 15./6. 83 (R.G.B. 73); rückständige Beiträge zur Invaliditäts- und Altersversicherung: § 137 R.Ges. v. 22./6. 89 (R.G.B. 97).

[4] Die auf die Zeit nach der Eröffnung des Verfahrens entfallenden Forderungen sind Masseschulden. §§ 19, 52 Nr. 2.

[5] Nr. 1 bezieht sich nur auf die im letzten Jahre entstandenen, Nr. 2 und 3 dagegen auf die im letzten Jahre fällig gewordenen (bzw. als fällig geltenden) Forderungen, einerlei wann sie entstanden sind. R.G. XXII, 142.

[6] Auch wenn nicht der Dienende selbst, sondern ein Dritter durch dessen Vermittelung die Verdingung stattgefunden, den Lohn 2c. von dem Gemeinschuldner zu fordern hat. R.G. IV, 424, XXVII, 226.

[7] Für Gerichtskosten nicht. R.G. XXI, 49.

[8] Dazu gehören auch die Berufsgenossenschaften. R.G. XXII, 137.

[9] Immobiliarabgaben, sofern die Immobilien zur Konkursmasse gehören: § 39. Die laufenden sind Massekosten. § 51 Nr. 2.

[10] § 29 Gewerbeordnung (R.G.B. v. 1883 S. 177).

[11] Auch wenn Forderungen anderer Personen gegen den Gemeinschuldner auf die Kinder 2c. übergegangen sind. R.G. XVII, 43.

[12] Auch in Ansehung der ihnen gegen den Gemeinschuldner zustehenden Ersatzansprüche für nicht mehr vorhandene Vermögensstücke. R.G. XVII, 42. — Das Vorrecht besteht nur gegenüber demjenigen, welchem die Verwaltung zustand, nicht auch gegen dessen mit ihm in Gütergemeinschaft lebende Ehegattin. R.G. XI, 64.

[13] Uebergangsbestimmungen: §§ 12, 13 E.G.

55. Mit der Kapitalsforderung werden an derselben Stelle angesetzt:

1. die Kosten, welche dem Gläubiger vor der Eröffnung des Verfahrens erwachsen sind;[1]
2. die Vertragsstrafen;[2]
3. die bis zur Eröffnung des Verfahrens aufgelaufenen Zinsen.

[1] Die Feststellung des Anspruchs auf Erstattung von Prozeßkosten kann durch Aufnahme des Prozesses betrieben werden. § 134 Abs. 3.

[2] Vgl. Anm. 3 zu § 21.

Ausschluß.

56. Im Konkursverfahren[1] können nicht geltend gemacht werden:

1. die seit der Eröffnung des Verfahrens laufenden Zinsen;

2. die Kosten, welche den einzelnen Gläubigern durch ihre Theilnahme an dem Verfahren erwachsen;[2]
3. Geldstrafen;[3]
4. Forderungen aus einer Freigebigkeit des Gemeinschuldners[4] unter Lebenden oder von Todeswegen.

[1] Bei der abgesonderten Befriedigung können sie geltend gemacht werden. Desgleichen nach Beendigung des Konkurses. § 152. R.G. XV, 117.

[2] §§ 53—62 G.O. f. R.A. Vgl. auch § 130 Abs. 3.

[3] Wohl aber Bußen.

[4] Rechtsgeschäftliche Forderungen. R.G. XIV, 118.

Besondere Arten.

57. Ein Gläubiger, welcher abgesonderte Befriedigung beansprucht,[1] kann die Forderung, wenn der Gemeinschuldner auch persönlich für sie haftet, zur Konkursmasse geltend machen,[2] aus derselben aber nur für den Betrag verhältnißmäßige Befriedigung verlangen, zu welchem er auf abgesonderte Befriedigung verzichtet,[3] oder mit welchem er bei der letzteren ausgefallen ist.[4]

[1] §§ 39—41, 43—45. Dasselbe gilt für den Gläubiger, dem Sachen oder Rechte zur Sicherstellung übereignet sind. R.G. XXIV, 46.

[2] Er kann sie zum vollen Betrag anmelden. § 141. R.G. XXVI, 112. — Stimmrecht in der Gläubigerversammlung: § 88.

[3] Ausdrücklich oder durch schlüssiges Verhalten (u. U. Annahme der Akkordrate). Nicht schon durch bloße Einlassung auf den Konkurs. R.G. XVI, 36, 70. Vgl. auch Anm. 1 zu § 178.

[4] Abreden zwischen Gläubiger und Schuldner, durch welche dem ersteren ein weitergehendes Recht eingeräumt wird, sind im Konkurse ohne Wirkung. R.G. VI, 67, XXIV, 47. Nachweis zur Berücksichtigung bei Vertheilungen: §§ 141, 144, 155 Nr. 3.

58. Betagte Forderungen gelten als fällig.[1]

Eine betagte unverzinsliche Forderung vermindert sich auf den Betrag, welcher mit Hinzurechnung der gesetzlichen Zinsen desselben für die Zeit von der Eröffnung des Verfahrens bis zur Fälligkeit[2] dem vollen Betrage der Forderung gleichkommt.

[1] Nur im Konkursverfahren, nicht auch bezüglich des Absonderungsrechts oder gegenüber Mitverpflichteten. Pr. 86. R.G. III, 357. Vgl. auch wegen Anwendung der §§ 58—63 im Subhastationsverfahren: Preußen: §§ 21—34 Ges. v. 13./7. 83 (Ges.Samml. 131). Bayern: Art. 169, 111—116 Ges. v. 22./2. 79 (Ges. u. Verord.Bl. 203), Württemberg: Art. 12 Ges. v. 18./8. 79 (Reg.Bl. 208). — Baden: § 27 Ges. v. 3./3. 79 (Ges. u. Verord.Bl. 91). — Aufrechnung mit betagten Forderungen: § 47 Abs. 2.

[2] Bei unbestimmtem Verfalltag: § 62. Pr. 55.

59. Forderungen unter auflösender Bedingung werden wie unbedingte[1] geltend gemacht.[2]

[1] Bei Vertheilungen: § 155 Nr. 4. — Aufrechnung: Anm. 4 zu § 47.

[2] Ob der Verwalter Sicherheitsleistung fordern kann, bestimmt sich nach bürgerlichem Recht. Mot. 279.

60. Forderungen unter aufschiebender Bedingung[1] berechtigen nur[2] zu einer Sicherung.[3]

[1] Dazu gehört auch der Anspruch des Bürgen oder Mitschuldners des Gemeinschuldners auf Ersatz dessen, was er nach der Konkurseröffnung wird zahlen müssen. — Neben dem Gläubiger, welcher Konkursdividende für seine volle Forderung erhält, kann der Mitverpflichtete Konkursdividende nicht beanspruchen, auch wenn er einen selbständigen Regreßanspruch geltend macht. R.G. XIV, 172.

[2] Stimmberechtigung in der Gläubigerversammlung: § 88.

[3] Anders bei der Aufrechnung: § 47 Abs. 3. — Die Sicherung erfolgt gemäß §§ 142, 144, 155 Nr. 2, vorbehaltlich der nach bürgerlichem Rechte dem Gläubiger zustehenden Befugniß, Sicherheitsleistung zu verlangen.

61. Wird über das Vermögen mehrerer oder einer von mehreren Personen, welche neben einander für dieselbe Leistung auf das Ganze[1] haften, das Konkurs-

verfahren eröffnet, so kann der Gläubiger bis zu seiner vollen Befriedigung in jedem Verfahren den Betrag geltend machen, den er zur Zeit der Eröffnung des Verfahrens zu fordern hatte.[2]

[1] Nicht blos für den Ausfall. Mot. 288. Z. B. mehrere Wechselverpflichtete. R.G. XI, 19.

[2] Kein Regreß der einzelnen Massen gegen einander. Anm. 1 zu § 60.

62. Forderungen, welche nicht auf einen Geldbetrag gerichtet sind, oder deren Geldbetrag unbestimmt oder ungewiß oder nicht in Reichswährung festgesetzt ist, sind nach ihrem Schätzungswerthe[1] in Reichswährung[2] geltend zu machen.

[1] Zur Zeit der Eröffnung des Verfahrens. Pr. 58. Beispiel § 16 Abs. 2.

[2] Art. 1, 14 Münzges. v. 9./7. 73 (R.G.B. 233).

63. Wiederkehrende Hebungen zu einem bestimmten Betrage und von einer bestimmten Zeitdauer[1] werden unter Abrechnung der Zwischenzinsen (§. 58) durch Zusammenzählung der einzelnen Hebungen kapitalisirt. Der Gesammtbetrag darf den zum gesetzlichen Zinssatze kapitalisirten Betrag derselben nicht übersteigen.

[1] Bei unbestimmtem Betrage oder unbestimmter Zeitdauer: § 62.

Zweites Buch.

Konkursverfahren.

Erster Titel.

Allgemeine Bestimmungen.

Konkursgericht.

64. Für das Konkursverfahren ist das Amtsgericht[1] ausschließlich zuständig, bei welchem der Gemeinschuldner seinen allgemeinen[2] Gerichtsstand hat.[3]

Sind mehrere Gerichte zuständig, so schließt dasjenige, bei welchem zuerst die Eröffnung des Verfahrens beantragt worden ist, die übrigen aus.

[1] In Konsularsachen der Konsul. § 12 R.Ges. v. 10./7. 79 (R.G.B. 197). — Wegen der Schutzgebiete vgl. unten S. 120.

[2] §§ 13—19 C.P.O. — Fehlt ein allgemeiner Gerichtsstand im Inlande: § 208. — Nachlaß: § 202.

[3] Bestimmung durch das höhere Gericht: § 36 C.P.O.

65. Die Vorschriften der Civilprozeßordnung finden, soweit nicht aus den Bestimmungen dieses Gesetzes sich Abweichungen ergeben, auf das Konkursverfahren entsprechende Anwendung.

66. Die Entscheidungen im Konkursverfahren können ohne vorgängige mündliche Verhandlung erfolgen.[1]

Die Zustellung geschieht von Amtswegen.[2]

Gegen die Entscheidungen im Konkursverfahren findet, soweit dieses Gesetz nicht ein anderes bestimmt,[3] die sofortige Beschwerde[4] statt.[5]

[1] Die Betheiligten sind mündlich oder schriftlich zu hören in den Fällen der §§ 76, 87, 97, 111 Abs. 2., 117 Abs. 2, 189, 194, 195, 199, 205, mündlich in dem Falle des § 170.

[2] Auch wenn die Entscheidung verkündet ist. Pr. 60. — Anders: § 294 Abs. 3 C.P.O. — Keine förmliche Zustellung: §§ 85 Abs. 2, 169 Abs. 2, 170 Abs. 2, 171, 174 Abs. 2.

[3] Anfechtung ist ausgeschlossen: §§ 87 Abs. 3, 88 Abs. 2, 151 Abs. 1, 174 Abs. 3, 175 Abs. 1.

[4] § 540 C.P.O. Gebühren: des Gerichts (3/10) § 57 G.K.G., des Anwalts (3/10) §§ 41, 58, 59, G.O. f. R.A. Vgl. auch für Konsularsachen § 18 Abs. 2 R.Ges. v. 10./7. 79 (R.G.B. 197). Die Nothfrist beginnt mit der Zustellung des Bescheides. Ausnahme: mit der Niederlegung auf der Gerichtsschreiberei: § 146; mit der Verkündung: § 174. — Vollstreckbarkeit der Entscheidungen: § 702 Nr. 3 C.P.O.

[5] Weitere Beschwerde: § 531 Abs. 2 C.P.O. — Ausnahme: § 174 Abs. 3; vgl. auch für Konsularsachen § 18 Abs. 3 R.Ges. v. 10./7. 79 (R.G.B. 197).

67. Das Konkursgericht kann zur Aufklärung aller das Verfahren betreffenden Verhältnisse die erforderlichen Ermittelungen, insbesondere die Vernehmung von Zeugen[1] und Sachverständigen[2] anordnen.[3]

[1] §§ 338 ff. C.P.O. [2] §§ 367 ff. C.P.O.

[3] Ferner Rechte und Pflichten: §§ 66 Abs. 2, 68 Abs. 2, 70, 72, 73, 75, 76, 77, 79, 83, 84, 85, 86, 87, 88, 91, 92, 93, 97, 98, 99, 102, 103, 104, 111, 113, 118, 123, 127, 128, 133, 146, 148, 149, 150, 151, 153, 156, 157, 163, 166, 167, 169, 170, 175, 183, 184, 188, 189, 190.

68. Die öffentlichen Bekanntmachungen[1] erfolgen durch mindestens einmalige Einrückung in das zur Veröffentlichung amtlicher Bekanntmachungen des Gerichts bestimmte Blatt;[2] die Einrückung kann auszugweise geschehen. Die Bekanntmachung gilt als bewirkt mit dem Ablaufe des zweiten Tages nach der Ausgabe des die Einrückung oder die erste Einrückung enthaltenden Blattes.

Das Gericht kann weitere Bekanntmachungen anordnen.

Die öffentliche Bekanntmachung gilt als Zustellung an alle Betheiligten, auch wenn dieses Gesetz neben ihr eine besondere Zustellung vorschreibt.

[1] Fälle derselben: §§ 73, 85, 90, 98, 103, 105, 139, 151, 166, 175, 184, 189, 191.

[2] Bayern: Bekanntmachung v. 4./8. 79 (Ges. u. Verord.Bl. 748). — Württemberg: Art. 2 Ges. v. 18./8. 79 (Reg.Bl. 208). — Baden: Verord. v. 26./6. 79 (Ges. u. Verord.Bl. 318). — Ferner auszugsweise im Reichsanzeiger in den Fällen der §§ 103, 105, 151, 175, 184, 191, vgl. jedoch für Konsularsachen: § 45 R.Ges. v. 10./7. 79 (R.G.B. 197).

69. Wenn neben der öffentlichen Bekanntmachung eine besondere Zustellung vorgeschrieben ist,[1] so kann dieselbe durch Aufgabe zur Post[2] bewirkt werden. Einer Beglaubigung der Abschrift des zuzustellenden Schriftstücks[3] bedarf es nicht.

Die dem Verwalter obliegenden Mittheilungen[4] können unmittelbar und ohne besondere Form geschehen.

[1] §§ 103, 166. [2] §§ 161, 175 C.P.O.

[3] § 156 C.P.O. Wohl aber der Zustellungsurkunde: § 173 C.P.O. Pr. 61.

[4] §§ 123, 147. — Jedoch § 139.

Konkursverwalter.

70. Der Konkursverwalter[1] wird von dem Gerichte ernannt.[2]

Das Gericht kann demselben die Leistung einer Sicherheit[3] auferlegen.[4]

[1] § 5 Abs. 2. — Vgl. §§ 34 Nr. 6 St.G.B.

[2] § 102 Abs. 1. Eine besondere Verpflichtung findet nicht statt. Mot. 305. [3] § 101 C.P.O.

[4] Pflicht zur Annahme: Württemberg: Art. 1 Ges. v. 18./8. 79 (Reg.Bl. 208).

71. Wenn die Verwaltung verschiedene Geschäftszweige umfaßt, so können mehrere Konkursverwalter ernannt werden. Jeder von ihnen ist in seiner Geschäftsführung selbständig.

72. In der auf die Ernennung eines Verwalters folgenden Gläubigerversammlung[1] können die Konkursgläubiger statt des Ernannten eine andere Person wählen. Das Gericht kann die Ernennung des Gewählten versagen.[2]

[1] § 102.

[2] Ohne die Verpflichtung zur Angabe von Gründen. Mot. 303. Pr. 62. — Eine nochmalige Wahl findet in diesem Falle nicht statt. Pr. 62.

73. Der Name des Verwalters ist öffentlich bekannt zu machen.[1]

Dem Verwalter ist eine urkundliche Bescheinigung seiner Ernennung zu ertheilen. Er hat dieselbe bei der Beendigung seines Amts dem Gerichte zurückzureichen.[2]

[1] § 68.

[2] Fernere Rechte und Pflichten des Verwalters: §§ 5 Abs. 2, 8, 9, 15, 17, 18, 29, 74—78, 80, 85, 88, 91, 92, 107, 110, 111, 112, 113, 114, 115, 116, 117, 118, 119, 121, 122, 124, 125, 132, 138, 139, 140, 141, 142, 145, 147, 153, 154, 156, 157, 158, 159, 163, 170, 176.

74. Der Verwalter hat die Sorgfalt eines ordentlichen Hausvaters anzuwenden.[1]

[1] Die vom Verwalter zu Unrecht bezahlten Beträge müssen zur Konkursmasse zurückgewährt werden, wenn auch die Voraussetzungen der cond. indebiti nicht vorliegen. R.G. XXIII, 60.

75. Der Verwalter steht unter der Aufsicht[1] des Konkursgerichts.[2]

[1] Die Aufsicht beschränkt sich auf die Befugniß, zu prüfen, ob die Handlungen oder Unterlassungen des Verwalters nicht pflichtwidrig sind. Ihre Zweckmäßigkeit unterliegt nicht der Kontrolle des Gerichts. Mot. 306.

[2] Dem einzelnen Gläubiger steht ein Klagerecht auf Vornahme gewisser Verwaltungsmaßregeln oder auf Entschädigung der Konkursmasse wegen Unterlassung von solchen nicht zu. Reichsgericht v. 17./12. 86 (Rassow u. Küntzel XXI, 1129). Vgl. auch Anm. 1 zu § 137.

76. Das Gericht kann gegen den Verwalter Ordnungsstrafen bis zu zweihundert Mark festsetzen.[1] Es kann denselben vor der auf seine Ernennung folgenden Gläubigerversammlung[2] von Amtswegen, später nur auf Antrag der Gläubigerversammlung oder des Gläubigerausschusses seines Amts entlassen.

Vor der Entscheidung ist der Verwalter zu hören.[3]

[1] Wegen Pflichtwidrigkeit: Anm. 1 zu § 75.

[2] §§ 72, 102. [3] Schriftlich oder mündlich.

77. Der Verwalter hat Anspruch auf Erstattung angemessener baarer Auslagen und auf Vergütung für seine Geschäftsführung. Die Festsetzung der Auslagen und der Vergütung erfolgt durch das Konkursgericht.[1]

[1] Gehört zu den Massekosten: § 51 Nr. 2. Eine Einigung des Verwalters mit den Gläubigern über die Vergütung ist in Bezug auf die Konkursmasse ohne Wirkung. Mot. 307. Anders § 83.

78. Der Verwalter hat bei der Beendigung seines Amts einer Gläubigerversammlung Schlußrechnung zu legen.[1] Die Rechnung muß mit den Belegen und, wenn ein Gläubigerausschuß bestellt ist, mit dessen Bemerkungen spätestens drei Tage vor dem Termine auf der Gerichtsschreiberei zur Einsicht der Betheiligten niedergelegt werden. Der Gemeinschuldner, jeder Konkursgläubiger und der nachfolgende Verwalter sind berechtigt, Einwendungen gegen die Rechnung zu erheben. Soweit in dem Termine Einwendungen nicht erhoben werden, gilt die Rechnung als anerkannt.[2]

[1] Eventuell im Schlußtermin: § 150.

[2] Die Erledigung von Streitigkeiten erfolgt im Prozeßwege. Mot. 308.

Gläubigerausschuß.

79. Vor der ersten Gläubigerversammlung[1] kann das Gericht aus der Zahl der Gläubiger oder der Vertreter von Gläubigern einen Gläubigerausschuß bestellen.[2]

Die Gläubigerversammlung hat über die Bestellung eines Gläubigerausschusses zu beschließen. Die Mitglieder des Gläubigerausschusses sind von der Gläubigerversammlung zu wählen. Zu Mitgliedern können Gläubiger oder andere Personen gewählt werden.

[1] § 102.

[2] Dessen Thätigkeit endet stets mit der ersten Gläubigerversammlung.

80. Die Mitglieder des Gläubigerausschusses haben den Verwalter bei seiner Geschäftsführung zu unterstützen und zu überwachen. Dieselben können sich von dem Gange der Geschäfte unterrichten, die Bücher und Schriften des Verwalters einsehen und den Bestand seiner Kasse untersuchen.

Der Gläubigerausschuß ist berechtigt, von dem Verwalter Berichterstattung[1] über die Lage der Sache und die Geschäftsführung zu verlangen. Er ist verpflichtet, die Untersuchung der Kasse des Verwalters wenigstens ein Mal in jedem Monate durch ein Mitglied vornehmen zu lassen.[2]

[1] Vgl. § 120 Abs. 2. Berichterstattung in der Gläubigerversammlung: §§ 119, 120 Abs. 2.

[2] Fernere Rechte und Pflichten: §§ 76, 78, 85, 92, 113, 118, 121, 122, 125, 138, 147, 163, 164, 167, 170.

81. Die Mitglieder des Gläubigerausschusses haben die Sorgfalt eines ordentlichen Hausvaters anzuwenden.[1]

[1] Klagen wegen vernachlässigter Sorgfalt sind vom Konkursverwalter anzustellen. R.G. XX, 108.

82. Ein Beschluß des Gläubigerausschusses ist gültig, wenn die Mehrheit der Mitglieder an der Beschlußfassung Theil genommen hat, und der Beschluß mit absoluter Mehrheit der abgegebenen Stimmen gefaßt ist.[1]

[1] Bei Stimmengleichheit ist der Antrag abgelehnt. Mot. 313.

83. Die Mitglieder des Gläubigerausschusses haben Anspruch auf Erstattung angemessener baarer Auslagen und auf Vergütung für ihre Geschäftsführung.[1] In Ermangelung einer Einigung mit der Gläubigerversammlung erfolgt die Festsetzung der Auslagen und der Vergütung durch das Konkursgericht.[2]

[1] Gehört zu den Massekosten: § 51 Nr. 2.

[2] Im Falle erzielter Einigung: § 91.

84. Die durch das Gericht erfolgte Bestellung zum Mitgliede des Gläubigerausschusses kann von dem Gerichte, die durch die Gläubigerversammlung erfolgte Bestellung zum Mitgliede des Gläubigerausschusses durch Beschluß der Gläubigerversammlung widerrufen werden.

Gläubigerversammlung.

85. Ueber die Berufung der Gläubigerversammlung beschließt das Gericht. Die Berufung muß erfolgen, wenn sie von dem Verwalter, dem Gläubigerausschusse oder von mindestens fünf Konkursgläubigern, deren For-

derungen nach der Schätzung des Gerichts den fünften Theil der Schuldenmasse erreichen, beantragt wird.[2]

Die Berufung muß öffentlich bekannt gemacht werden.[3] Der öffentlichen Bekanntmachung bedarf es nicht, wenn in einer Gläubigerversammlung eine Vertagung der Verhandlung[4] angeordnet wird.

[1] Rechte und Pflichten derselben: §§ 72, 76, 79, 83, 84, 120, 122, 125, 150, 169. — Befugnisse einzelner Gläubiger in der Gläubigerversammlung: §§ 78, 91, 130, 132: auch §§ 85 Satz 2, 115, 173.

[2] Außerdem ist sie vorgeschrieben: §§ 78, 102, 150, 166.

[3] § 68. Desgleichen die Tagesordnung: § 90.

[4] Unter gleichzeitiger Anberaumung eines neuen Termins. Pr. 68.

86. Die Gläubigerversammlung findet unter der Leitung des Gerichts statt.[1]

Die Beschlüsse der Gläubigerversammlung werden mit absoluter Mehrheit der Stimmen[2] gefaßt.[3] Für die Wahl der Mitglieder des Gläubigerausschusses genügt relative Mehrheit der Stimmen.

Die Stimmenmehrheit ist nach den Forderungsbeträgen[4] zu berechnen. Bei Gleichheit der Summen entscheidet die Zahl der Gläubiger.

[1] Nicht öffentlich. Pr. 68, 69.

[2] Der erschienenen Gläubiger: § 89. — Vgl. auch § 213.

[3] Anders beim Zwangsvergleich: § 169 Nr. 2.

[4] Einerlei, ob sie bevorrechtigt sind oder nicht. Pr. 68.

87. Zur Theilnahme an den Abstimmungen berechtigen die festgestellten[1] Konkursforderungen.[2] In Ansehung einer streitig gebliebenen Forderung wird bei der Prüfung mit den Parteien erörtert, ob und zu welchem Betrage ein bleibendes Stimmrecht für dieselbe zu gewähren ist. In Ermangelung einer Einigung entscheidet das Konkursgericht. Das Gericht kann die Entscheidung auf den weiteren Antrag einer Partei abändern.

Ob und zu welchem Betrage nicht geprüfte Konkursforderungen zum Stimmen in einer Gläubigerversammlung[3] berechtigen, entscheidet auf den Widerspruch eines Konkursgläubigers oder des Verwalters das Gericht.

Eine Anfechtung der Entscheidungen findet nicht statt.

[1] § 132.

[2] Die Ansprüche der Absonderungsberechtigten nur gemäß § 57.

[3] Nicht bleibendes Stimmrecht. Mot. 315.

88. Ob und zu welchem Betrage Forderungen, für welche abgesonderte Befriedigung beansprucht wird, in Ansehung ihres muthmaßlichen Ausfalls,[1] sowie Konkursforderungen unter aufschiebender Bedingung[2] zum Stimmen in einer Gläubigerversammlung[3] berechtigen, entscheidet auf den Widerspruch eines Konkursgläubigers oder des Verwalters das Gericht.

Eine Anfechtung der Entscheidung findet nicht statt.

[1] § 57. [2] § 60. [3] Anm. 3 zu § 87.

89. Gezählt werden nur die Stimmen der in der Gläubigerversammlung erschienenen Gläubiger.[1] Die nicht erschienenen Gläubiger sind an die Beschlüsse gebunden.

[1] Abweichung beim Zwangsvergleich: § 169 Nr. 2.

90. Der Gegenstand, über welchen in der Gläubigerversammlung ein Beschluß gefaßt werden soll, muß bei der Berufung derselben öffentlich bekannt gemacht werden.[1]

[1] § 68.

91. Das Gericht hat die Ausführung eines von der Gläubigerversammlung gefaßten Beschlusses auf den in der Gläubigerversammlung[1] gestellten Antrag des Verwalters oder eines überstimmten Gläubigers zu untersagen, wenn der Beschluß dem gemeinsamen Interesse der Konkursgläubiger widerspricht.

[1] D. i. in derselben Gläubigerversammlung. Mot. 317.

Gemeinschuldner.

92. Der Gemeinschuldner ist verpflichtet, dem Verwalter, dem Gläubigerausschusse und auf Anordnung des Gerichts der Gläubigerversammlung über alle das Verfahren betreffenden Verhältnisse Auskunft zu geben.[2]

[1] Er ist zu hören: § 97; fernere Rechte und Pflichten: §§ 5—7, 78, 93, 95, 96, 101, 111, 113, 115, 123, 129, 148, 160, 167, 169, 174, 177, 188, 192.

[2] Für die Masse zu arbeiten ist er nicht verpflichtet. Mot. 318, 351.

93. Der Gemeinschuldner darf sich von seinem Wohnorte nur mit Erlaubniß des Gerichts entfernen.

Das Gericht kann die zwangsweise Vorführung[1] und nach Anhörung des Gemeinschuldners die Haft[2] desselben anordnen, wenn er die ihm vom Gesetze auferlegten Pflichten nicht erfüllt, oder wenn es zur Sicherung der Masse nothwendig erscheint.[3]

[1] § 345 Abs. 2 C.P.O.

[2] §§ 785—791, 793, 794, 812 C.P.O.

[3] Die Kosten der Haft sind Massekosten: § 51 Nr. 1.

Zweiter Titel.
Eröffnungsverfahren.

Gebühren des Anwalts (2/10 bezw. 5/10): § 56 G.O. f. R.A.

Zulässigkeit.

94. Die Eröffnung des Konkursverfahrens setzt die Zahlungsunfähigkeit[1] des Gemeinschuldners voraus.[2]

Zahlungsunfähigkeit ist insbesondere[3] anzunehmen, wenn Zahlungseinstellung[4] erfolgt ist.

[1] D. i. die Unfähigkeit, die Mittel zur Bezahlung fälliger Geldschulden herbeizuschaffen, R.G. XXII, 47, unabhängig davon, ob der Gemeinschuldner sich im Zustand wirklicher Ueberschuldung (Vermögensunzulänglichkeit) befindet. Mot. 319, 320. Reichsgericht v. 15./3. 88 (Rassow u. Küntzel XXXII, 1163).

[2] Anders: §§ 193 Abs. 1, 195, 203. — Das Vorhandensein von mehr als einem Konkursgläubiger ist nicht Bedingung für die Eröffnung, R.G. XI, 42.

[3] Fernere Anzeichen der Zahlungsunfähigkeit: Zugeständniß derselben durch den Schuldner, Beiseiteschaffung oder unwirthschaftliche Veräußerung von Vermögensstücken, Schließung des Geschäfts, heimliche Entfernung ohne genügende Vertretung u. dgl.

[4] D. i. die erkennbar gewordene Thatsache der Nichterfüllung fälliger Geldschulden wegen eines nicht blos vorübergehenden Mangels an Zahlungsmitteln. R.G. XIV, 221. R.G. XXI, 23.

95. Das Verfahren kann nur auf Antrag eröffnet werden.

Zu dem Antrage ist der Gemeinschuldner und jeder[1] Konkursgläubiger berechtigt.

[1] Auch bevorrechtigte. Mot. 326.

96. Beantragt der Gemeinschuldner die Eröffnung des Verfahrens,[1] so hat er ein Verzeichniß der Gläubiger und Schuldner, sowie eine Uebersicht der Vermögensmasse bei Stellung des Antrags einzureichen oder, wenn dies nicht thunlich ist, ohne Verzug nachzuliefern.[2]

[1] Schriftlich oder zu Protokoll des Gerichtsschreibers: §§ 74, 75 C.P.O. Mot. 328.

[2] Dem Antrage kann ohne weiteren Nachweis der Zahlungsunfähigkeit stattgegeben werden. Pr. 74—76. Anders: §§ 194 Abs. 2, 199 Abs. 2, 205 Abs. 2.

97. Der Antrag eines Gläubigers auf Eröffnung des Verfahrens ist zuzulassen,[1] wenn die Forderung des Gläubigers und die Zahlungsunfähigkeit des Gemeinschuldners glaubhaft[2] gemacht werden.[3]

Wird der Antrag zugelassen, so hat das Gericht den Schuldner zu hören[4] und, sofern dieser nicht seine Zahlungsunfähigkeit oder Zahlungseinstellung einräumt, die erforderlichen Ermittelungen anzuordnen.

Die Anhörung des Schuldners kann unterbleiben, wenn sie eine öffentliche Zustellung[5] oder eine Zustellung im Auslande[6] erfordert; in diesem Falle ist, soweit thunlich, ein Vertreter oder Angehöriger des Schuldners zu hören.

[1] Damit aber dem Antrage stattgegeben werde, ist ferner erforderlich, daß das Gericht die Ueberzeugung von der Zahlungsunfähigkeit erlangt. Pr. 74—76. Ermittelungsrecht des Gerichts: § 67.

[2] § 266 C.P.O.

[3] Gebühr des Gerichts für die Versagung der Zulassung (1/10) § 53 Abs. 2, 3 G.K.G. in der Fassung des Art. I Nr. 14 R.Ges. v. 29./6. 81 (R.G.B. 178).

[4] Schriftlich oder mündlich.

[5] §§ 182 ff. C.P.O. [6] §§ 186 ff. C.P.O.

Vorläufige Sicherheitsmaßregeln.

98. Das Gericht kann die zwangsweise Vorführung und die Haft des Schuldners anordnen.[1] Dasselbe kann alle zur Sicherung der Masse dienenden einstweiligen Anordnungen[2] treffen. Es kann insbesondere ein allgemeines Veräußerungsverbot an den Schuldner erlassen. Wird das Verbot öffentlich bekannt gemacht,[3] so findet auf Pfand- und Hypothekenrechte, welche im Wege der Zwangsvollstreckung oder des Arrestes[4] nach der Bekanntmachung des Verbots erworben oder eingetragen worden sind, die Bestimmung des §. 12 entsprechende Anwendung.[5]

Bei der Abweisung des Eröffnungsantrags sind die angeordneten Sicherheitsmaßregeln aufzuheben.[6]

[1] Anm. 1, 2 zu § 93. [2] §§ 814 ff. C.P.O.

[3] § 68. — Das Veräußerungsverbot enthält, auch wenn es veröffentlicht ist, für sich allein noch keine Beschlagnahme im Sinne des § 137 St.G.B. R.G. XX, 247. Vgl. Anm. 4 zu § 5.

[4] §§ 709, 810 C.P.O. Freiwillig eingeräumte Pfandrechte unterliegen nur der Anfechtung. Pr. 77.

[5] Auch wenn schon vorher eine Ankündigung gemäß § 744 C.P.O. erfolgt ist, kann eine Pfändung nicht mehr erfolgen. R.G. XXVI, 426.

[6] Die Aufhebung kann auch vor der Entscheidung über den Eröffnungsantrag wegen veränderter Umstände oder — ausnahmsweise — gegen Sicherheit erfolgen. §§ 807, 815, 818 C.P.O.

99. Die Abweisung des Eröffnungsantrags[1] kann erfolgen, wenn nach dem Ermessen des Gerichts eine den Kosten des Verfahrens entsprechende Konkursmasse[2] nicht vorhanden ist.[3]

[1] Sie erfolgt stets durch förmlichen Beschluß. Die Kosten, auch die der vorläufigen Sicherheitsmaßregeln, trägt der Antragsteller.

Mot. 331. § 87 C.P.O. — Gebühr des Gerichts (3/10): § 53 Abs. 1, 3 G.K.G. in der Fassung des Art. I Nr. 14 R.Ges. v. 29./6. 81 (R.G.B. 178).

[2] Die mit Absonderungsrechten beschwerten Sachen werden nur hinzugerechnet, soweit ein Ueberschuß zu erwarten ist. § 3. Mot. 332. Die für den Fall der Eröffnung vorhandenen Anfechtungsrechte sind als Aktiva anzusehen.

[3] Vgl. § 184. Einstellung des eröffneten Verfahrens aus diesem Grunde: § 190.

Eröffnungsbeschluß.

100. Der Eröffnungsbeschluß hat die Stunde der Eröffnung anzugeben.

Ist dies versäumt worden, so gilt als Zeitpunkt der Eröffnung die Mittagsstunde des Tages, an welchem der Beschluß erlassen ist.[1]

[1] Vermuthung bei Rechtshandlungen des Gemeinschuldners: § 6.

101. Die sofortige Beschwerde[1] steht gegen den Eröffnungsbeschluß nur dem Gemeinschuldner, gegen den abweisenden Beschluß nur demjenigen zu, welcher den Eröffnungsantrag gestellt hat.

[1] Anm. 4 zu § 66.

102. Bei der Eröffnung des Konkursverfahrens ernennt das Gericht den Konkursverwalter,[1] verordnet einen nicht über einen Monat hinauszusetzenden Termin zur Beschlußfassung über die Wahl eines anderen Verwalters,[2] sowie über die Bestellung eines Gläubigerausschusses,[3] erläßt den offenen Arrest[4] und bestimmt die Anmeldefrist[5] und den allgemeinen Prüfungstermin.[7]

Das Gericht kann die Termine verbinden, wenn die Konkursmasse von geringerem Betrage oder der Kreis der Konkursgläubiger von geringerem Umfange ist.[7]

[1] § 70. [2] § 72.

[3] Bestellt geeignetenfalls sofort einen solchen: § 79. — Fernere Tagesordnung der ersten Gläubigerversammlung: §§ 119, 120.

[4] §§ 108, 109. [5] § 126.

[6] §§ 126—129; mit diesem kann der Vergleichstermin verbunden werden. § 167.

[7] Alsdann darf der Termin frühestens nach vier Wochen angesetzt werden. § 126.

103. Der Gerichtsschreiber hat die Formel des Eröffnungsbeschlusses, den offenen Arrest, die Anmeldefrist und die Termine sofort öffentlich bekannt zu machen.[1]

Die Bekanntmachung ist, unbeschadet der Vorschriften des §. 68 Abs. 1, auszugsweise in den Deutschen Reichsanzeiger[2] einzurücken.

An die ihrem Wohnorte nach bekannten Gläubiger[3] und Schuldner des Gemeinschuldners erfolgt besondere Zustellung.[4]

[1] § 68. — Mittheilung an die Staatsanwaltschaft: Preußen: § 12 Ges. v. 6./3. 79 (Ges. Sammlung 109).

[2] Ausnahme für Konsularsachen: § 45 R.Ges. v. 10./7. 79 (R.G.B. 197). Vgl. auch Anm. 2 zu § 68.

[3] Dazu gehören bei unfallversicherungspflichtigen Betrieben die Berufsgenossenschaften: §§ 10, 71 R.Ges. v. 6./7. 84 (R.G.B. 69); entsprechend die übrigen Unfallversicherungsgesetze.

[4] § 69.

104. Der Gerichtsschreiber hat unter Bezeichnung des Konkursverwalters beglaubigte Abschriften der Formel des Eröffnungsbeschlusses den Behörden für die Führung des Handels-[1] oder Genossenschaftsregisters[2] oder ähnlicher Register und[3] der Dienstbehörde des Gemeinschuldners mitzutheilen.[4]

[1] Art. 12 ff. H.G.B. — Preußen: § 13 Ges. v. 6./3. 79 (Ges.-Samml. 109).

[2] §§ 10, 149 R.Ges. v. 1./5. 89 (R.G.B. 55).

[3] Post- und Telegraphenanstalten: § 111.

[4] Ebenso bei Aufhebung: §§ 151, 175. Einstellung: § 191, Wiederaufnahme des Verfahrens: § 184.

105. Sobald eine den Eröffnungsbeschluß aufhebende Entscheidung die Rechtskraft[1] erlangt hat, ist die Aufhebung des Verfahrens öffentlich bekannt zu machen.[2] Die Vorschriften der §§. 103 Abs. 2, 104 finden entsprechende Anwendung.

[1] § 645 C.P.O.

[2] § 68. — Ebenso: §§ 151, 175, 184, 191.

106. Inwiefern die Eröffnung oder Aufhebung des Konkursverfahrens in das Grund- oder Hypothekenbuch einzutragen, und wie eine solche Eintragung zu bewirken ist, bestimmt sich nach den Landesgesetzen.[1]

[1] Ebenso: §§ 151, 175, 184, 191. — Preußen: §§ 14, 15 Ges. v. 6./3. 79 (Ges.Samml. 109), § 33 Ges. v. 1./4. 79 (G.S. 304). — Bayern: Art. 33 Ges. v. 23./2. 79 (Ges. und Verord.Bl. 63). — Württemberg: Art. 3, 4 Ges. v. 18./8. 79 (Reg.Bl. 208). — Elsaß-Lothringen: § 30 Ges. v. 8./7. 79 (Ges.Bl. 67).

Dritter Titel.

Theilungsmasse.

107. Nach der Eröffnung des Verfahrens hat der Verwalter das gesammte zur Konkursmasse gehörige Vermögen sofort in Besitz und Verwaltung zu nehmen[1] und dasselbe zu verwerthen.[2]

[1] Wenn sich der Gemeinschuldner widersetzt, mit Hülfe des Gerichtsvollziehers auf Grund des mit der Vollstreckungsklausel versehenen Eröffnungsbeschlusses: §§ 702 Nr. 3, 662, 674, 777 C.P.O.

[2] Veräußerung nach Maßgabe der Vorschriften über die Zwangsvollstreckung ist nur im Falle des § 117 vorgeschrieben. — Bei unfallversicherungspflichtigen Betrieben Benachrichtigung der Berufsgenossenschaft: § 37 Abs. 8, §§ 38, 104 R.Ges. v. 6./7. 84 (R.G.B. 69); entsprechend die übrigen Unfallversicherungsgesetze. — Hinterlegung von Reichsschuldverschreibungen an Stelle der im Reichsschuldbuch eingetragenen Forderungen: § 15 Nr. 3 R.Ges. v. 31./5. 91

(R.G.B. 325). Auch Preußen: § 16 Nr. 3 Ges. v. 20./7. 83 (Ges.Samml. 123). Sachsen: § 15 Nr. 4 Ges. v. 25./4. 84 (Ges. u. Ver.Bl. 150).

Feststellung und Sicherung.

108. Durch den offenen Arrest wird allen Personen, welche eine zur Konkursmasse gehörige Sache in Besitz haben oder zur Konkursmasse etwas schuldig sind, aufgegeben, nichts an den Gemeinschuldner zu verabfolgen oder zu leisten,[1] auch die Verpflichtung auferlegt, von dem Besitze der Sache und von den Forderungen, für welche sie aus der Sache abgesonderte Befriedigung in Anspruch nehmen, dem Konkursverwalter innerhalb einer bestimmten Frist Anzeige zu machen.

[1] Leisten sie trotzdem: § 7.

109. Wer die Anzeige über den Besitz von Sachen des Gemeinschuldners innerhalb der bestimmten Frist zu machen unterläßt,[1] haftet für allen aus der Unterlassung oder Verzögerung der Anzeige entstehenden Schaden.

[1] Strafe betrüglichen Verschweigens: § 212 Nr. 1.

110. Gläubiger, welche abgesonderte Befriedigung aus einer in ihrem Besitze befindlichen Sache beanspruchen,[1] haben dem Verwalter auf dessen Verlangen die Sache zur Ansicht vorzuzeigen und die Abschätzung derselben zu gestatten.[2]

[1] §§ 39—41, 43—45. [2] Verwerthung: § 117.

111. Die Post- und Telegraphenanstalten sind verpflichtet, auf Anordnung des Konkursgerichts alle für den Gemeinschuldner eingehenden Sendungen, Briefe und Depeschen dem Verwalter auszuhändigen.[1] Dieser ist zur Eröffnung derselben berechtigt. Der Gemein-

schuldner kann die Einsicht und, wenn ihr Inhalt die Masse nicht betrifft, die Herausgabe derselben verlangen.

Das Gericht kann die Anordnung auf Antrag des Gemeinschuldners nach Anhörung des Verwalters[2] aufheben oder beschränken.

[1] § 5 R.Ges. v. 28./10.71 (R.G.B. 348). § 8 R.Ges. v. 6./4. 92 (R.G.B. 467).

[2] Schriftlich oder mündlich.

112. Der Verwalter kann zur Sicherung der zur Konkursmasse gehörigen Sachen durch eine zur Vornahme solcher Handlungen gesetzlich[1] ermächtigte Person siegeln lassen.

Die Geschäftsbücher des Gemeinschuldners sind durch den Gerichtsschreiber zu schließen.

[1] Nach Landesgesetzen. Mot. 344. Preußen: §§ 70, 74 Nr. 3, 108 Ges. v. 24./4. 78 (Ges.Samml. 230). — Bayern: Art. 63, 66 Ges. v. 23./2. 79 (Ges. u. Verord.Bl. 273). — Württemberg: Art. 6 Ges. v. 18./8. 79 (Reg.Bl. 208).

113. Der Verwalter hat die einzelnen zur Konkursmasse gehörigen Gegenstände unter Angabe ihres Werths aufzuzeichnen. Der Werth ist erforderlichen Falls durch Sachverständige zu ermitteln. Bei der Aufzeichnung ist eine obrigkeitliche oder eine Urkundsperson[1] zuzuziehen. Der Gemeinschuldner ist zuzuziehen, wenn er ohne Aufschub zu erlangen ist.

Auf Antrag des Verwalters und, wenn ein Gläubigerausschuß bestellt ist, des letzteren, kann das Gericht gestatten, daß die Aufzeichnung unterbleibe[2] oder ohne Zuziehung einer obrigkeitlichen oder einer Urkundsperson vorgenommen werde.

[1] Vgl. Anm. 1 zu § 112.

[2] Z. B. wenn eine zuverlässige Aufzeichnung bereits vom Gemeinschuldner gemacht oder in seinen Büchern vorhanden ist. Mot. 345.

114. Dem Verwalter liegt die Anfertigung eines Inventars und einer Bilanz ob.[1] Derselbe hat eine von ihm gezeichnete Abschrift des Inventars und der Bilanz und, wenn eine Siegelung und Entsiegelung stattgefunden hat, die Protokolle über dieselben auf der Gerichtsschreiberei zur Einsicht der Betheiligten niederzulegen.

[1] Vgl. Art. 29, 31 H.G.B. Vgl. auch § 1 Art. 185a R.Ges. v. 18./7. 84 (R.G.B. 136). Absonderungsberechtigte, Massegläubiger, bevorrechtigte und nicht bevorrechtigte Konkursgläubiger sind in der Bilanz zu trennen: die Verfallzeit der Forderungen, die Mit- und Regreßverpflichteten sind anzugeben. Mot. 346.

115. Nach der Anfertigung des Inventars kann der Verwalter oder ein Konkursgläubiger den Gemeinschuldner in eine Sitzung des Amtsgerichts, bei welchem das Konkursverfahren anhängig ist,[1] zur Leistung des Offenbarungseides[2] laden.

[1] Anm. 1 zu § 64.

[2] §§ 780 ff. C.P.O. – Vgl. auch § 162 Nr. 1.

Verwaltung und Verwerthung.

116. Die Zwangsverwaltung und die Zwangsversteigerung der zur Masse gehörigen unbeweglichen Gegenstände[1] kann bei der zuständigen Behörde[2] durch den Konkursverwalter betrieben werden.[3]

[1] § 757 Abs. 2 C.P.O. § 39.

[2] §§ 755, 756 C.P.O. Preußen: § 16 Ges. v. 6./3. 74 (Ges. Samml. 109), § 180 Ges. v. 13./7. 83 (Ges.Samml. 179). – Bayern: Art. 171 Ges. v. 23./2. 79 (Ges. u. Verord.Bl. 203). Ges. v. 29./5. 86 (Ges. u. Verord.Bl. 239). – Sachsen: §§ 46, 47, 183 Ges. v. 15./4. 84 (Ges. u. Verord.Bl. 223). – Württemberg: Art. 32 Ges. v. 18./8. 79 (Reg.Bl. 191). – Baden: Bekanntm. v.

10./2. 91 (Ges. u. Ver.Bl. 127). — Elsaß-Lothringen: §§ 1, 30 Ges. v. 30./4. 80 (Ges.Bl. 93).

[3] Die Kosten sind Massekosten: § 51 Nr. 2. — Gebühr des Gerichts für die Anordnung (2/10): § 35 Nr. 2 G.K.G. in der Fassung des Art. I Nr. 4 R.Ges. v. 29./6. 81 (R.G.B. 178). § 55 G.K.G.

117. Der Verwalter ist berechtigt, die Verwerthung eines zur Masse gehörigen beweglichen Gegenstandes, an welchem ein Gläubiger ein Faustpfandrecht oder ein diesem gleichstehendes Recht[1] beansprucht,[2] nach Maßgabe der Vorschriften über die Zwangsvollstreckung[3] zu betreiben. Der Gläubiger kann einer solchen Verwerthung nicht widersprechen, vielmehr seine Rechte nur auf den Erlös geltend machen.[4]

Ist der Gläubiger befugt, sich aus dem Gegenstande ohne gerichtliches Verfahren zu befriedigen,[5] so kann auf Antrag des Verwalters das Konkursgericht dem Gläubiger nach dessen Anhörung eine Frist bestimmen, innerhalb welcher er den Gegenstand zu verwerthen hat. Nach dem Ablaufe der Frist findet die Vorschrift des ersten Absatzes Anwendung.

[1] §§ 40, 41.

[2] Der Verwalter braucht nicht von Amtswegen Absonderungsrechte zu berücksichtigen. R.G. XIV, 1, XXIII, 59, XXV, 22.

[3] Bei dem Vollstreckungsgericht: § 3 Abs. 2. — Vgl. §§ 716—718, 720—726, 743, 746, 747, 754 C.P.O. — Gebühr des Gerichts wie in Anm. 3 zu § 116.

[4] § 710 C.P.O. Bei Konkurrenz mehrerer Pfandgläubiger vgl. §§ 728 Abs. 2, 3, 750 ff., 758 ff. C.P.O.

[5] Art. 311, 312 H.G.B. § 11 B.Ges. v. 2./6. 69 (B.G.B. 163). § 20 Bankges. v. 14./3. 75 (R.G.B. 183). Preußen: § 9 Ges. v. 17./3. 81 (Ges.Samml. 266).

118. Bis zur Beschlußfassung durch eine Gläubigerversammlung kann[1] der Verwalter mit Genehmigung des Gerichts oder, wenn von dem Gerichte ein Gläubigerausschuß bestellt ist, mit dessen Genehmigung dem Gemeinschuldner und der Familie desselben nothdürftigen Unterhalt aus der Konkursmasse[2] gewähren.[3]

Bis zur Beschlußfassung durch eine Gläubigerversammlung hat der Verwalter nach seinem Ermessen das Geschäft des Gemeinschuldners zu schließen oder fortzuführen und die Gelder, Werthpapiere und Kostbarkeiten nach Anordnung des Gerichts zu hinterlegen. Ist von dem Gerichte ein Gläubigerausschuß bestellt, so beschließt dieser über die Schließung oder die Fortführung des Geschäfts und über die Hinterlegung der Gelder, Werthpapiere und Kostbarkeiten.

[1] Verpflichtung zur Gewährung des Unterhalts: § 1 Abs. 2.
[2] § 51 Nr. 3.
[3] Nur für die Zeit bis zur ersten Gläubigerversammlung: § 120.

119. In der ersten Gläubigerversammlung[1] hat der Verwalter über die Entstehung der Zahlungsunfähigkeit des Gemeinschuldners, über die Lage der Sache und über die bisher ergriffenen Maßregeln zu berichten.[2]

[1] § 102.
[2] Berichterstattung an den Gläubigerausschuß: § 80.

120. Die Gläubigerversammlung beschließt über eine dem Gemeinschuldner und dessen Familie zu bewilligende Unterstützung,[1] über die Schließung oder die Fortführung des Geschäfts und über die Stelle, bei welcher, sowie über die Bedingungen, unter welchen die Gelder, Werthpapiere und Kostbarkeiten hinterlegt oder angelegt werden sollen.

Die Gläubigerversammlung beschließt, in welcher Weise und in welchen Zeiträumen der Verwalter ihr oder einem Gläubigerausschusse über die Verwaltung und Verwerthung der Masse Bericht erstatten und Rechnung legen soll.[2]

[1] § 51 Nr. 3.

[2] Die Ausführung dieses Beschlusses überwacht der Gläubigerausschuß: § 80. Das Gericht kann sie durch Ordnungsstrafen erzwingen: § 76.

121. Der Verwalter hat, falls ein Gläubigerausschuß bestellt ist, dessen Genehmigung einzuholen:[1]

1. wenn Gegenstände, deren Verkauf ohne offenbaren Nachtheil für die Masse ausgesetzt werden kann und nicht durch die Fortführung des Geschäfts veranlaßt wird, verkauft werden sollen, bevor der allgemeine Prüfungstermin[2] abgehalten oder ein vor dem Schlusse desselben eingereichter Zwangsvergleichsvorschlag erledigt ist;[3]
2. wenn die Erfüllung von Rechtsgeschäften des Gemeinschuldners verlangt,[4] Prozesse anhängig gemacht, deren Aufnahme abgelehnt,[5] Vergleiche oder Schiedsverträge[6] geschlossen, Aussonderungs-, Absonderungs- oder Masseansprüche anerkannt, Pfandstücke eingelöst, oder Forderungen veräußert werden sollen,[7] und es sich in diesen Fällen um einen Werthgegenstand von mehr als dreihundert Mark handelt.[8]

[1] Diese kann generell ertheilt werden. Mot. 356. [2] § 126.
[3] Jedoch: § 164 Abs. 2. [4] § 15. [5] §§ 8, 9.
[6] §§ 851 ff. C.P.O.

[7] Darunter ist eine nach der Art des Geschäftsverkehrs übliche Verwerthung durch Weiterbegebung nicht gemeint. Mot. 354.

[8] Werthberechnung: §§ 3–9 C.P.O.

122. Der Verwalter hat die Genehmigung des Gläubigerausschusses oder, wenn ein solcher nicht bestellt ist, die Genehmigung einer Gläubigerversammlung einzuholen:[1]

1. wenn ein unbeweglicher Gegenstand aus freier Hand,[2] oder das Geschäft des Gemeinschuldners im Ganzen, oder das Recht auf den Bezug wiederkehrender Einkünfte veräußert werden soll;
2. wenn Erbschaften oder Vermächtnisse für die Masse aufgegeben,[3] oder wenn Darlehen aufgenommen, fremde Verbindlichkeiten übernommen, zur Masse gehörige Gegenstände verpfändet, oder Grundstücke erstanden werden sollen.

[1] Anm. 1 zu § 121.

[2] Württemberg: Art. 15 Ges. v. 18./8. 79 (Reg.Bl. 208).

[3] Anm. 4 zu § 1.

123. Der Verwalter hat in den Fällen der §§. 121, 122 vor der Beschlußfassung des Gläubigerausschusses oder der Gläubigerversammlung, und in den Fällen des §. 121, wenn ein Gläubigerausschuß nicht bestellt ist, vor der Vornahme der Rechtshandlung dem Gemeinschuldner, sofern derselbe ohne Aufschub zu erlangen ist, von der beabsichtigten Maßregel Mittheilung zu machen.[1]

Das Gericht kann auf Antrag des Gemeinschuldners, sofern nicht die Gläubigerversammlung die Genehmigung ertheilt hat, die Vornahme der Rechtshandlung vorläufig untersagen[2] und zur Beschlußfassung über die Vornahme eine Gläubigerversammlung berufen.[3]

[1] Formlos: § 69 Abs. 2.

[2] Ausnahme: § 164 Abs. 2.

[3] Ist deren Beschlußfassung erfolgt: § 91.

124. Durch die Vorschriften der §§. 121—123 wird die Gültigkeit einer Rechtshandlung des Verwalters dritten Personen gegenüber nicht berührt.

125. Wenn ein Gläubigerausschuß bestellt ist, und die Gläubigerversammlung nicht ein Anderes beschließt, bedürfen Quittungen des Verwalters über den Empfang von Geldern, Werthpapieren oder Kostbarkeiten von der Hinterlegungsstelle und Anweisungen des Verwalters auf die Hinterlegungsstelle zu ihrer Gültigkeit der Mitzeichnung eines Mitgliedes des Gläubigerausschusses.

Vierter Titel.

Schuldenmasse.

Anmeldung.

126. Die Frist zur Anmeldung der Konkursforderungen beträgt drei Wochen bis drei Monate.[1] Der Zeitraum zwischen dem Ablaufe der Anmeldefrist und dem allgemeinen Prüfungstermine[2] soll mindestens eine Woche und höchstens zwei Monate betragen.

[1] Von der Eröffnung des Verfahrens. §§ 100, 102.

[2] § 102. — Mit diesem kann der Vergleichstermin verbunden werden: § 167.

127. Die Anmeldung hat die Angabe des Betrages[1] und des Grundes[2] der Forderung sowie des beanspruchten Vorrechts zu enthalten. Sie kann bei dem Gerichte schriftlich eingereicht[3] oder zum Protokolle des Gerichtsschreibers angebracht werden. Die urkundlichen Beweisstücke oder eine Abschrift derselben sind beizufügen.

[1] In Reichswährung: § 62. [2] § 134 Abs. 4.

[3] Anwaltszwang besteht nicht. §§ 74, 75 C.P.O. — Gebühr des Anwalts (2/10): § 57 G.O. f. R.A.

128. Die Anmeldungen sind in der Gerichtsschreiberei zur Einsicht der Betheiligten niederzulegen.

Der Gerichtsschreiber hat jede Forderung sofort nach der Anmeldung derselben in der Rangordnung des beanspruchten Vorrechts in eine Tabelle einzutragen, welche innerhalb des ersten Drittheils des zwischen dem Ablaufe der Anmeldefrist und dem Prüfungstermine liegenden Zeitraums auf der Gerichtsschreiberei zur Einsicht der Betheiligten niederzulegen und abschriftlich dem Verwalter mitzutheilen ist.

Prüfungstermin.[1]

[1] Gebühr des Anwalts (1): § 56 Nr. 1 G.O. f. R.A.

129. In dem Prüfungstermine werden die angemeldeten Forderungen ihrem Betrage und ihrem Vorrechte nach[1] einzeln erörtert.[2]

Der Gemeinschuldner hat sich über die Forderungen zu erklären.[3]

[1] Und, wenn sie streitig, absonderungsberechtigt oder aufschiebend bedingt sind, dem Stimmrecht nach. § 87 Abs. 1.

[2] Ermittelungsrecht des Konkursgerichts: § 67.

[3] Zur Aufklärung: § 132 Abs. 1. Jedoch: §§ 132 Abs. 2, 152 Abs. 2.

130. In dem Prüfungstermine sind auch diejenigen Forderungen, welche nach dem Ablaufe der Anmeldefrist angemeldet sind, zu prüfen, wenn weder der Verwalter noch ein Konkursgläubiger hiergegen Widerspruch erhebt; anderenfalls ist auf Kosten des Säumigen ein besonderer Prüfungstermin[1] zu bestimmen.

Auf nachträglich beanspruchte Vorrechte und sonstige Aenderungen der Anmeldung findet die vorstehende Bestimmung entsprechende Anwendung.

Gläubiger, welche Forderungen nach dem Prüfungstermine anmelden, tragen die Kosten des besonderen Prüfungstermins.[2]

[1] Für diesen gelten die Bestimmungen des § 126 nicht. Mot. 359.

[2] Gebühr des Gerichts (3/10 bezw. 1): § 54 G.K.G. — Fernerer Nachtheil verspäteter Anmeldung: Anm. 2 zu § 140.

131. Die Prüfung einer angemeldeten Forderung findet statt, wenngleich der anmeldende Gläubiger im Prüfungstermine ausbleibt.

132. Eine Forderung gilt als festgestellt, soweit gegen sie im Prüfungstermine ein Widerspruch weder von dem Verwalter noch von einem Konkursgläubiger erhoben wird, oder soweit ein erhobener Widerspruch beseitigt ist.

Ist die Forderung vom Gemeinschuldner im Prüfungstermine bestritten,[1] so kann ein Rechtsstreit, welcher über dieselbe zur Zeit der Eröffnung des Konkursverfahrens anhängig war, gegen den Gemeinschuldner[2] aufgenommen werden.[3]

[1] Bestreitet der Gemeinschuldner nicht: § 152 Abs. 2.

[2] Nicht auch vom Gemeinschuldner. R.G. XVI, 360.

[3] Durch Zustellung eines Schriftsatzes: § 227 C.P.O. Auch wenn bereits eine Aufnahme des Rechtsstreits auf Grund von § 134 Abs. 4 oder 6 stattgefunden hat. R.G. XIII, 318. Ist noch kein

Prozeß anhängig gewesen, so kann gegen den bestreitenden Gemeinschuldner schon während des Konkurses aus § 231 C.P.O. auf Feststellung geklagt werden, ohne daß ein besonderes Feststellungsinteresse nachgewiesen zu werden braucht. Aus dem rechtskräftigen Urtheil Zwangsvollstreckung gemäß § 152 Abs. 2. R.G. XXIV, 405.

133. Das Gericht hat nach der Erörterung einer jeden Forderung das Ergebniß in die Tabelle einzutragen.[1] Auf Wechseln und sonstigen Schuldurkunden ist von dem Gerichtsschreiber die Feststellung zu vermerken.[2]

Die Eintragung in die Tabelle gilt rücksichtlich der festgestellten Forderungen ihrem Betrage und ihrem Vorrechte nach wie ein rechtskräftiges Urtheil[3] gegenüber allen Konkursgläubigern.[4]

[1] In die Kolonne „Bemerkungen“ ist die Erklärung des Gemeinschuldners, ferner das den bestrittenen, absonderungsberechtigten oder aufschiebend bedingten Forderungen bewilligte bleibende Stimmrecht (§§ 87 Abs. 1, 88) einzutragen. Mot. 363.

[2] Das Protokoll über die Verhandlung braucht außer dem im § 145 Nr. 1—5 C.P.O. Vorgeschriebenen nur die Bezugnahme auf die Tabelle zu enthalten.

[3] § 293 C.P.O. — Gegen die Eintragung Wiederaufnahme des Verfahrens: §§ 541 ff. C.P.O.

[4] Sowohl zu Gunsten als zu Ungunsten des Liquidanten, der z. B. die versäumte Anmeldung eines Vorrechts nicht nachholen darf. R.G. XX, 412. — Auch gegen den Konkursverwalter. R.G. XXVII, 92: ferner gegen den Gemeinschuldner, falls er keinen Widerspruch erhoben hat. §§ 152 Abs. 2, 179, 192 Abs. 2. Reichsgericht v. 5./10. 82 (Rassow u. Küntzel XXVII, 1129). — Anfechtung von Creditposten eines Contocurrents, dessen Debetsaldo in die Tabelle eingetragen ist: R.G. XXVII, 92.

Feststellung streitiger Forderungen.

134. Den Gläubigern streitig gebliebener Forderungen bleibt überlassen, die Feststellung derselben gegen die Bestreitenden[1] zu betreiben.[2] Zu diesem Behufe hat das Gericht den Gläubigern einen Auszug aus der Tabelle in beglaubigter Form zu ertheilen.

Auf die Feststellung ist im ordentlichen Verfahren Klage zu erheben.[3] Für die Klage ist das Amtsgericht, bei welchem das Konkursverfahren anhängig ist[4] und, wenn der Streitgegenstand zur Zuständigkeit der Amtsgerichte nicht gehört, das Landgericht ausschließlich zuständig, zu dessen Bezirke der Bezirk des Konkursgerichts gehört.[5]

War zur Zeit der Eröffnung des Konkursverfahrens ein Rechtsstreit über die Forderung anhängig,[6] so ist die Feststellung derselben durch Aufnahme des Rechtsstreits[7] zu verfolgen.[8]

Die Feststellung kann nur auf den Grund gestützt und nur auf den Betrag gerichtet werden, welcher in der Anmeldung oder dem Prüfungstermine angegeben ist.[9]

Die Bestimmungen des ersten, dritten und vierten Absatzes finden auf Forderungen, für deren Feststellung ein besonderes Gericht,[10] eine Verwaltungsbehörde oder ein Verwaltungsgericht zuständig ist, entsprechende Anwendung.

Der Widerspruch gegen eine Forderung, für welche[11] ein mit der Vollstreckungsklausel[12] versehner Schuldtitel,[13] ein Endurtheil[14] oder ein Vollstreckungsbefehl[15] vorliegt, ist von dem Widersprechenden[16] zu verfolgen.[17]

Die obsiegende Partei hat die Berichtigung der Tabelle zu erwirken.

[1] Gegen sämmtliche Bestreitende: Pr. 92, 176. Die Feststellung muß einheitlich gegen alle erfolgen. Pr. 94, 95, 175. §§ 59, 391, 434 C.P.O. R.G. V, 414. Der Streit darüber, ob eine Forderung bloße Ausfallforderung (§ 57) sei, ist im Feststellungsverfahren zu entscheiden. R.G. XXVI, 112. Eine Feststellung „unter Vorbehalt der Rechtswohlthat des Inventars" ist unzulässig. R.G. XXIV, 61. Vgl. Anm. 2 zu § 43.

[2] Folgen des Nichtbetreibens: § 140.

[3] Widerklage gemäß § 33 Abs. 1 C.P.O. ist zulässig. R.G. XVI, 118. Urkunden-, Wechselprozeß und Mahnverfahren sind unstatthaft. §§ 555, 565, 628 C.P.O.

[4] Anm. 1 zu § 64. [5] Vgl. auch § 152 Abs. 3.

[6] Anm. 3 zu § 8.

[7] Vom Gläubiger, durch Zustellung eines Schriftsatzes: § 227 C.P.O. Der Konkursverwalter ist zur Aufnahme, oder zur Ladung gemäß § 217 Abs. 2 C.P.O. nicht befugt. R.G. XVI, 361.

[8] Ist das Vorrecht streitig, so kann der Klagantrag erweitert werden: § 240 Nr. 2 C.P.O.

[9] §§ 127, 130. [10] § 14 G.V.G.

[11] Vor der Eröffnung des Verfahrens. § 10. Mot. 366.

[12] §§ 662 ff. C.P.O. [13] § 702 C.P.O.

[14] §§ 272, 273 C.P.O.; daß es vollstreckbar sei, ist nicht erforderlich. [15] § 639 C.P.O.

[16] In dem nach der C.P.O. für den Widerspruch begründeten Gerichtsstand, nicht im Gerichtsstand des Abs. 2. Mot. 367. Pr. 93.

[17] Das Anfechtungsrecht auf Grund der §§ 22—34 steht ausschließlich dem Verwalter zu. § 29. Pr. 92.

135. Soweit durch ein Urtheil rechtskräftig[1] eine Forderung festgestellt oder ein Widerspruch für begründet erklärt ist, wirkt dasselbe gegenüber allen Konkursgläubigern. War der Prozeß nur gegen einzelne Gläubiger geführt, so können diese den Ersatz ihrer Prozeßkosten aus der Konkursmasse[2] insoweit verlangen, als der letzteren durch das Urtheil ein Vortheil erwachsen ist.

[1] Und zwar gegen alle Bestreitenden oder Widersprechenden: Pr. 174—178. Anm. 1 zu § 134.

[2] Als Masseschuld: § 52 Nr. 3.

136. Der Werth des Streitgegenstandes eines Prozesses über die Richtigkeit oder das Vorrecht einer Forderung ist mit Rücksicht auf das Verhältniß der Theilungs- zur Schuldenmasse von dem Prozeßgerichte nach freiem Ermessen festzusetzen.[1]

[1] §§ 3—9 C.P.O. — Auch maßgebend für den Werth des Beschwerdegegenstandes: § 508 Abs. 2 C.P.O. R.G. X, 68; ferner für die Gebührenfestsetzung: §§ 9, 54 G.K.G. §§ 10, 59 G.O. f. R.A.

Fünfter Titel.

Vertheilung.

Gebühr des Anwalts (1): § 56 Nr. 8 G.O. f. R.A.

I. Anordnung.

1. Allgemeines.

137. Nach der Abhaltung des allgemeinen Prüfungstermins soll, so oft hinreichende baare Masse vorhanden ist,[1] eine Vertheilung an die Konkursgläubiger erfolgen.[2]

[1] Die Vornahme einer Vertheilung kann nicht im Wege des förmlichen Prozesses erzwungen werden. Nur Beschwerde im Aufsichtswege gemäß §§. 75. 76. Ebensowenig können Ansprüche wegen Nichtberücksichtigung bei einer Vertheilung im Prozeßwege verfolgt werden. Reichsgericht v. 27./2. 90 (Rassow u. Küntzel XXXIV, 1201).

[2] Auszahlung an die Bevorrechtigten unabhängig von der Vertheilung: § 157.

138. Zur Vornahme einer Vertheilung hat der Verwalter, wenn ein Gläubigerausschuß bestellt ist, dessen Genehmigung einzuholen.[1]

[1] Aussetzung: § 148.

139. Vor der Vornahme einer Vertheilung hat der Verwalter ein Verzeichniß[1] der bei derselben zu berücksichtigenden Forderungen auf der Gerichtsschreiberei zur Einsicht der Betheiligten niederzulegen und die Summe der Forderungen[2] sowie den zur Vertheilung verfügbaren Massebestand öffentlich bekannt zu machen.[3]

[1] Auf Grund der Tabelle.

[2] D. i. der theilnahmeberechtigten Forderungen. [3] § 68.

140. Konkursgläubiger,[1] deren Forderungen nicht festgestellt sind[2] und für deren Forderungen ein mit der Vollstreckungsklausel versehener Schuldtitel, ein Endurtheil oder ein Vollstreckungsbefehl nicht vorliegt,[3] haben bis zum Ablaufe einer Ausschlußfrist von zwei Wochen[4] nach der öffentlichen Bekanntmachung[5] dem Verwalter den Nachweis zu führen,[6] daß und für welchen Betrag die Feststellungsklage erhoben oder das Verfahren in dem früher anhängigen Prozesse aufgenommen ist.[7] Wird der Nachweis nicht rechtzeitig geführt,[8] so werden die Forderungen bei der vorzunehmenden Vertheilung[9] nicht berücksichtigt.

[1] Massegläubiger: § 159.

[2] Nicht geprüfte Forderungen werden nicht berücksichtigt. Mot. 375.

[3] § 134 Abs. 6. [4] Berechnung: § 200 C.P.O.

[5] Nach bewirkter Bekanntmachung: § 68 Abs. 1.

[6] Der Nachweis erübrigt, wenn der Verwalter selbst Prozeßpartei ist. Mot. 376.

[7] Zurückbehaltung ihres Antheils: § 155 Nr. 1.

[8] Einer Androhung der Folgen der Versäumung bedarf es nicht. § 209 C.P.O.

[9] Nachträgliche Berücksichtigung: § 143.

141. Gläubiger, von welchen abgesonderte Befriedigung beansprucht wird, haben bis zum Ablaufe der Ausschlußfrist dem Verwalter den Nachweis ihres Verzichts oder ihres Ausfalls nach Maßgabe des §. 57 zu führen. Wird der Nachweis nicht rechtzeilig geführt, so werden die Forderungen bei der vorzunehmenden Vertheilung[1] nicht berücksichtigt.

Zur Berücksichtigung bei einer Abschlagsvertheilung genügt es, wenn bis zum Ablaufe der Ausschlußfrist dem Verwalter der Nachweis, daß die Veräußerung des zur abgesonderten Befriedigung dienenden Gegenstandes betrieben ist, geführt und der Betrag des muthmaßlichen Ausfalls glaubhaft[2] gemacht wird.[3]

[1] Nachträgliche Berücksichtigung: 143. [2] § 266 C.P.O.

[3] Die Antheile werden zurückbehalten. § 155 Nr. 3; vgl. § 144.

142. Forderungen unter aufschiebender Bedingung[1] werden bei einer Abschlagsvertheilung zu dem Betrage berücksichtigt, welcher auf die unbedingte Forderung fallen würde.[2]

Bei der Schlußvertheilung findet ihre Berücksichtigung nur statt, sofern dem Verwalter bis zum Ablaufe der Ausschlußfrist der Eintritt der Bedingung nachgewiesen wird, oder soweit[3] der Gemeinschuldner zu einer Sicherheitsleistung verpflichtet war.[4]

[1] § 60; unter auflösender Bedingung: § 59.

[2] Die Antheile werden zurückbehalten: § 155 Nr. 2; vgl. § 144.

[3] Nach bürgerlichem Recht.

[4] Und im Bestreitungsfalle Klage auf Feststellung dieser angemeldeten Forderung auf Sicherheitsleistung erhoben ist.

143. Gläubiger, welche bei einer Abschlagsvertheilung nicht berücksichtigt worden sind, können nachträglich, sobald sie die Vorschriften der §§. 140, 141 erfüllt haben, die bisher festgesetzten Prozentsätze aus der Restmasse verlangen,[1] soweit diese reicht[2] und nicht in Folge des Ablaufs einer Ausschlußfrist für eine neue Vertheilung zu verwenden ist.[3]

[1] Von Amtswegen findet die Zuweisung rückständiger Dividenden nicht statt. Mot. 378. — Vgl. auch Anm. 1 zu § 137.

[2] Die Bevorrechtigten werden auch in diesem Falle vor den übrigen befriedigt. Mot. 378.

[3] Ob zu diesem Behufe im einzelnen Fall wieder gemäß § 139 verfahren wird oder die Auszahlung ohne Weiteres erfolgt, ist Zweckmäßigkeitsfrage. Mot. 378.

144. Die Antheile, mit welchen Gläubiger nach Maßgabe des §. 141 Abs. 2 oder des §. 142 Abs. 1 bei Abschlagsvertheilungen berücksichtigt worden sind, werden für die Schlußvertheilung frei, wenn bei dieser die Voraussetzungen des §. 141 Abs. 1 oder des §. 142 Abs. 2 nicht erfüllt sind.

145. Binnen drei Tagen nach dem Ablaufe der Ausschlußfrist hat der Verwalter die auf Grund der vorstehenden Bestimmungen erforderlichen Aenderungen des Verzeichnisses zu bewirken.[1]

[1] Das abgeänderte Verzeichniß ist auf der Gerichtsschreiberei niederzulegen. § 139. Mot. 379.

2. Abschlagsvertheilungen.

146. Bei einer Abschlagsvertheilung sind Einwendungen gegen das Verzeichniß bis zum Ablaufe einer Woche nach dem Ende der Ausschlußfrist bei dem Konkursgerichte zu erheben.

Das Gericht entscheidet über die Einwendungen.[1] Die Entscheidung, durch welche eine Berichtigung des Verzeichnisses angeordnet wird, ist auf der Gerichtsschreiberei niederzulegen. Die Beschwerdeschrift[2] beginnt mit dem Tage, an welchem die Niederlegung der Entscheidung erfolgt ist.

[1] Ueber materielle Einwendungen des Konkursverwalters gegen den festgestellten Anspruch ist nicht in diesem Verfahren, sondern gemäß § 686 C.P.O. zu entscheiden. R.G. XXI, 335. Solange letzteres Verfahren schwebt: § 155 Nr. 1. — Vgl. im Uebrigen Anm. 1 zu § 137.

[2] Anm. 4 zu § 66.

147. Für eine Abschlagsvertheilung[1] bestimmt der Verwalter und, wenn ein Gläubigerausschuß bestellt ist, dieser auf Antrag des Verwalters den zu zahlenden Prozentsatz.

Der Verwalter hat den Prozentsatz den berücksichtigten Gläubigern mitzutheilen.[2]

[1] Die Vertheilung bleibt beschränkt auf den in der öffentlichen Bekanntmachung als verfügbar bezeichneten Massebestand; sie braucht nicht den ganzen Bestand zu erschöpfen, nur annähernd zu passen. Mot. 380.

[2] Formlos: § 69 Abs. 2.

148. Das Gericht kann auf Antrag des Gemeinschuldners, wenn derselbe einen Zwangsvergleich vorgeschlagen hat,[1] die Aussetzung einer Abschlagsvertheilung anordnen, sofern nicht schon die Ausschlußfrist abgelaufen ist.

[1] § 161.

3. Schlußvertheilung.

149. Die Schlußvertheilung erfolgt, sobald die Verwerthung der Masse beendigt ist.[1]

Die Vornahme der Schlußvertheilung[2] unterliegt der Genehmigung des Gerichts.

¹ Bekanntmachung gemäß § 139.

² Ausschluß: §§ 140, 141 Abs. 1, 142 Abs. 2, 159.

150. Zur Abnahme der Schlußrechnung,[1] zur Erhebung von Einwendungen gegen das Schlußverzeichniß[2] und zur Beschlußfassung der Gläubiger über die nicht verwerthbaren Vermögensstücke[3] bestimmt das Gericht einen Schlußtermin, welcher nicht unter drei Wochen und nicht über einen Monat hinaus anzuberaumen ist.

Die Bestimmungen des §. 146 Abs. 2 finden auf die Schlußvertheilung Anwendung.

¹ § 78.

² Dies ist auch aufzustellen, wenn die Masse durch Nachzahlung von Dividenden (§ 143) erschöpft ist; vgl. § 153. Mot. 381.

³ Außenstehende Forderungen können schon vorher durch Verkauf realisirt werden: § 121 Nr. 2. Mot. 355.

Aufhebung des Verfahrens.

151. Nach der Abhaltung des Schlußtermins beschließt das Gericht die Aufhebung des Konkursverfahrens.[1] Eine Anfechtung des Beschlusses findet nicht statt.

Der Beschluß und der Grund der Aufhebung sind öffentlich bekannt zu machen.[2]

Die Vorschriften der §§. 103 Abs. 2, 104, 106 finden entsprechende Anwendung.

¹ Die Wirkungen der Aufhebung treten von Rechtswegen ein. Mot. 382. Anm. 2 zu § 5. ² § 68.

152. Nach der Aufhebung des Konkursverfahrens können die nicht befriedigten Konkursgläubiger ihre Forderungen[1] gegen den Schuldner unbeschränkt geltend machen.[2]

Für die Gläubiger, deren Forderungen festgestellt und nicht von dem Gemeinschuldner im Prüfungstermine ausdrücklich bestritten worden sind,[3] findet gegen den Schuldner aus der Eintragung in die Tabelle die Zwangsvollstreckung unter entsprechender Anwendung der §§. 662—701 der Civilprozeßordnung statt.[4]

Für Klagen auf Ertheilung der Vollstreckungsklausel,[5] sowie für Klagen, durch welche die die Forderung selbst betreffenden Einwendungen[6] geltend gemacht werden oder der bei der Ertheilung der Vollstreckungsklausel als bewiesen angenommene Eintritt der Thatsache, von welcher die Vollstreckung aus der Eintragung in die Tabelle abhängt, oder die als eingetreten angenommene Rechtsnachfolge[7] bestritten wird, ist das im §. 134 Abs. 2 dieses Gesetzes bezeichnete Gericht zuständig.[8]

[1] Einschließlich der seit der Konkurseröffnung erwachsenen Zinsen. R.G. XV, 117.

[2] Aber nicht in Gegenstände, von denen der Gläubiger weiß oder wissen muß, daß sie gemäß § 153 Abs. 1 oder 2 zur Nachtragsvertheilung gebracht werden müssen. R.G. XXV, 10.

[3] Im Bestreitungsfalle: 132 Abs. 2.

[4] Die Ausfertigung der Eintragung in die Tabelle wird vom Gerichtsschreiber des Konkursgerichts mit der Vollstreckungsklausel versehen. § 662 C.P.O. Mot. 385. — Indeß werden die gegen den Gemeinschuldner schwebenden Prozesse wegen der festgestellten Forderung dadurch formell nicht erledigt. R.G. XXVII, 117.

[5] § 667 C.P.O. [6] § 686 C.P.O. [7] § 687 C.P.O.

[8] Vgl. auch §§ 179, 192, 197.

4. Nachtragsvertheilung.

153. Wenn nach dem Vollzuge der Schlußvertheilung Beträge, welche von der Masse zurückbehalten sind, für dieselbe frei werden,[1] oder Beträge, welche aus der Masse gezahlt sind, zur Masse zurückfließen, so sind dieselben von dem Verwalter[2] nach Anordnung des

Konkursgerichts auf Grund des Schlußverzeichnisses[3] zur nachträglichen Vertheilung zu bringen.[4] Die über die Verwaltung und Vertheilung solcher Beträge abzulegende Rechnung unterliegt der Prüfung des Konkursgerichts.

Dasselbe gilt, wenn nach der Schlußvertheilung oder der Aufhebung des Verfahrens zur Konkursmasse gehörige Vermögensstücke ermittelt werden.

[1] §§ 142 Abs. 2, 144, 155 Nr. 2, 4, 201 Abs. 1.

[2] Ist er nicht mehr zu erlangen, so muß ein Verwalter für diesen Zweck bestellt werden. Mot. 386.

[3] Der Ausschluß bei der Schlußvertheilung wirkt auch für die Nachtragsvertheilung. Mot. 386. §§ 140, 141 Abs. 1, 142 Abs. 2. Jedoch: § 159.

[4] Die nachträgliche Theilungssumme ist bekannt zu machen. § 139. Mot. 386.

II. Vollzug.

154. Der Vollzug einer jeden Vertheilung erfolgt durch den Verwalter.

155. Die Antheile

1. auf Forderungen, welche in Folge eines bei der Prüfung erhobenen Widerspruchs im Prozesse befangen sind,[1]
2. auf Forderungen, welche von einer aufschiebenden Bedingung abhängen,[2]
3. auf Forderungen, für welche eine abgesonderte Befriedigung beansprucht und der Vorschrift des §. 141 Abs. 2 genügt ist,[3]
4. auf Forderungen unter auflösender Bedingung,

sofern der Gläubiger zu einer Sicherheitsleistung[4] verpflichtet ist und die Sicherheit nicht leistet,[5] werden zurückbehalten.

[1] § 134 Abs. 2 u. 6, § 146 Anm. 1. — Im Falle des § 134 Abs. 6 genügt zur Zurückbehaltung, daß bis zur Auszahlung, wenn auch nach Ablauf der Ausschlußfrist, die Verfolgung des Widerspruchs nachgewiesen wird. § 140. Mot. 387.

[2] § 142 Abs. 1. Bei der Schlußvertheilung: §§ 142 Abs. 2, 144; fällt die Bedingung aus: § 153.

[3] Bei der Schlußvertheilung: §§ 141 Abs. 1, 144.

[4] Anm. 2 zu § 59.

[5] Tritt die Bedingung nach der Schlußvertheilung ein: § 153.

156. Die Beträge, welche bei dem Vollzuge der Schlußvertheilung zurückzubehalten sind, oder welche bis zu diesem Zeitpunkte nicht erhoben werden, hat der Verwalter nach Anordnung des Gerichts für Rechnung der Betheiligten zu hinterlegen.

157. Zahlungen auf festgestellte bevorrechtigte Forderungen kann der Verwalter mit Ermächtigung des Gerichts unabhängig von den Vertheilungen leisten.

158. Beträge, welche zur Sicherstellung eines bedingt zur Aufrechnung befugten Gläubigers nach Maßgabe des §. 47 Abs. 3 hinterlegt worden sind, fließen zur Konkursmasse zurück, sofern nicht bis zum Ablaufe der Ausschlußfrist für die Schlußvertheilung dem Verwalter der Eintritt der Bedingung nachgewiesen wird, oder soweit nicht der Gemeinschuldner zu einer Sicherheitsleistung verpflichtet war.

159. Masseansprüche, welche nicht bis zu der Festsetzung des Prozentsatzes[1] oder der Beendigung des Schlußtermins[2] oder der Bekanntmachung einer Nachtragsvertheilung[3] zur Kenntniß des Verwalters gelangt sind, können nicht auf den Massebestand geltend gemacht werden,[4] welcher zur Auszahlung des festgesetzten Prozentsatzes erforderlich ist oder den Gegenstand der Schlußvertheilung oder der Nachtragsvertheilung bildet.

[1] § 147. [2] § 150. [3] § 153.

[4] Die Nichtberücksichtigung rechtzeitig bekannt gewordener Masseansprüche bildet einen Arrestgrund: § 797 C.P.O.

Sechster Titel.

Zwangsvergleich.

Unzulässig bei Genossenschaften: § 109 Abs. 1 R.Ges. v. 1./5. 89 (R.G.B. 55). — Vgl. auch §§ 200, 206.

Gebühr des Anwalts (1): § 56 Nr. 2 G.O. f. R.A.

1. Zulässigkeit.

160. Sobald der allgemeine Prüfungstermin[1] abgehalten und so lange nicht die Vornahme der Schlußvertheilung genehmigt worden ist,[2] kann auf den Vorschlag des Gemeinschuldners zwischen diesem und den nicht bevorrechtigten Konkursgläubigern[3] ein Zwangsvergleich geschlossen werden.[4]

[1] §§ 129, 130. [2] § 149 Abs. 2.

[3] Bevorrechtigte: § 176 Abs. 2. — Massegläubiger: § 176 Abs. 1. — Absonderungsberechtigte: Anm. 1 zu § 178.

[4] Aussetzung der Abschlagsvertheilung: § 148. Verwerthung der Masse trotz eingereichten Zwangsvergleichsvorschlags; §§ 121 Nr. 1, 123 Abs. 2. Vgl. § 164.

161. Der Vergleichsvorschlag muß angeben, in welcher Weise die Befriedigung der Gläubiger erfolgen,[1] sowie ob und in welcher Art eine Sicherstellung derselben bewirkt werden soll.

[1] Die Höhe und die Art der Befriedigung behufs Beseitigung des Konkursverfahrens. Ein Nachlaß der Forderungen gehört nicht zum Begriffe des Zwangsvergleichs. Mot. 406. Vgl. Anm. 2 zu § 178.

162. Ein Zwangsvergleich ist unzulässig:

1. so lange der Gemeinschuldner flüchtig ist oder die Ableistung des Offenbarungeides[1] verweigert;
2. so lange ein wegen betrüglichen Bankerutts[2] gegen den Gemeinschuldner eröffnetes Hauptverfahren[3] oder wiederaufgenommenes Verfahren[4] anhängig ist;
3. wenn der Gemeinschuldner wegen betrüglichen Bankerutts[2] rechtskräftig verurtheilt worden ist.

[1] § 115. [2] § 209. — Vgl. § 183.
[3] §§ 209, 270 St.P.O. [4] §§ 402, 410 St.P.O.

2. Vorprüfung.

163. Auf Antrag des Verwalters und, wenn ein Gläubigerausschuß bestellt ist, des letzteren kann das Gericht den Vergleichsvorschlag zurückweisen, wenn bereits in dem Konkursverfahren ein Vergleichsvorschlag von den Gläubigern abgelehnt oder von dem Gerichte verworfen oder von dem Gemeinschuldner nach der öffentlichen Bekanntmachung des Vergleichstermins[1] zurückgezogen worden ist.

[1] §§ 68, 166.

164. Wird der Vergleichsvorschlag nicht zurückgewiesen, so hat der Gläubigerausschuß sich über die Annehmbarkeit des Vorschlags zu erklären.

Erklärt der Gläubigerausschuß den Vorschlag nicht für annehmbar, so ist ein Widerspruch des Gemeinschuldners gegen die Verwerthung der Masse nicht zu berücksichtigen.[1]

[1] Sonst: Anm. 4 zu § 160.

3. Abschluß.

165. Der Vorschlag und die Erklärung des Gläubigerausschusses sind auf der Gerichtsschreiberei zur Einsicht der Betheiligten niederzulegen.

166. Der Vergleichstermin soll nicht über einen Monat hinaus anberaumt werden. Der Termin ist öffentlich bekannt zu machen.[1] Zu demselben sind unter Mittheilung des Vergleichsvorschlags und des Ergebnisses der Erklärung des Gläubigerausschusses die nicht bevorrechtigten Konkursgläubiger, welche Forderungen angemeldet haben, besonders zu laden.[2]

[1] § 58. [2] § 69.

167. Auf Antrag des Gemeinschuldners und, wenn ein Gläubigerausschuß bestellt ist, des letzteren kann das Gericht den Vergleichstermin mit dem allgemeinen Prüfungstermine[1] verbinden.

[1] §§ 129, 130.

168. Der Vergleich[1] muß allen nicht bevorrechtigten Konkursgläubigern[2] gleiche Rechte gewähren.[3] Eine ungleiche Bestimmung der Rechte ist nur mit ausdrücklicher Einwilligung der zurückgesetzten Gläubiger zulässig. Jedes andere Abkommen des Gemeinschuldners oder anderer Personen mit einzelnen Gläubigern, durch welches diese bevorzugt werden sollen, ist nichtig.[4]

[1] Protokoll über den Vergleichstermin: §§ 145, 146, 470 C.P.O.

[2] Vgl. Anm. 1 zu § 178.

[3] Bezieht sich nicht auf Vergleiche, welche zur Abwendung des Konkurses geschlossen sind. Reichsgericht v. 8./2. 87 (Rassow u. Küntzel XXXI, 1131).

[4] Vgl. auch §§ 173 Nr. 1, 182 Abs. 1. — Bestrafung: §§ 211, 213.

169. Zur Annahme des Vergleichs ist erforderlich,[1] daß

1. die Mehrzahl der in dem Termine anwesenden stimmberechtigten Gläubiger[2] dem Vergleiche ausdrücklich zustimmt, und
2. die Gesammtsumme der Forderungen der zustimmenden Gläubiger wenigstens drei Viertheile der Gesammtsumme aller zum Stimmen berechtigenden Forderungen beträgt.

Wird nur eine der Mehrheiten erreicht, so kann der Gemeinschuldner bis zum Schlusse des Termins die einmalige Wiederholung der Abstimmung in einem neuen Termine verlangen. Das Gericht hat denselben zu bestimmen und im Termine zu verkünden.

[1] Stimmrecht: §§ 87—89. Allen bis zum Vergleichstermin angemeldeten Forderungen kann das Stimmrecht beigelegt werden. § 87 Abs. 2.

[2] Ist eine Forderung, wenn auch nach der Eröffnung des Verfahrens, getheilt, so hat jeder Theilgläubiger eine Stimme. Mot. 415.

4. Bestätigung.

170. Der angenommene Zwangsvergleich bedarf der Bestätigung des Konkursgerichts.

Das Gericht entscheidet, nachdem es die Gläubiger, den Verwalter und den Gläubigerausschuß in dem Vergleichstermine oder einem zu verkündenden Termine gehört hat.

171. Der Beschluß, durch welchen der Zwangsvergleich bestätigt oder verworfen wird,[1] ist zu verkünden.

[1] Die Verwerfung ist ausschließlich in den Fällen der §§ 172, 173 statthaft. Pr. 112.

172. Der Vergleich ist zu verwerfen:

1. wenn die für das Verfahren und den Abschluß des Vergleichs gegebenen Vorschriften nicht beobachtet sind, und das Fehlende nicht ergänzt werden kann;
2. wenn ein Fall der Unzulässigkeit[1] eines Zwangsvergleichs nachträglich eingetreten ist.

[1] § 162.

173. Der Vergleich ist auf Antrag eines nicht bevorrechtigten Konkursgläubigers, welcher stimmberechtigt war[1] oder seine Forderung glaubhaft[2] macht, zu verwerfen:

1. wenn der Vergleich durch Begünstigung eines Gläubigers[3] oder sonst in unlauterer Weise[4] zu Stande gebracht ist;
2. wenn der Vergleich dem gemeinsamen Interesse der nicht bevorrechtigten Konkursgläubiger widerspricht.

Der Antrag ist nur zuzulassen,[5] wenn die Thatsachen, auf welche derselbe gegründet wird, glaubhaft[2] gemacht werden.

[1] Anm. 1 zu § 169; auch wenn er für den Vergleich gestimmt hat. Mot. 413.

[2] § 266 C.P.O. [3] § 168.

[4] Z. B. durch Erkaufen von Stimmen. Mot. 418. R.G. XXV, 258. — Strafbarkeit: § 213.

[5] Entsprechend wie Anm. 1 zu § 97.

174. Die sofortige Beschwerde[1] gegen den Beschluß, durch welchen der Vergleich bestätigt oder verworfen ist, steht dem Gemeinschuldner und jedem nicht bevorrechtigten Konkursgläubiger zu, welcher stimmberechtigt[2] war oder seine Forderung glaubhaft[3] macht.

Die Frist zur Einlegung der Beschwerde beginnt mit der Verkündung des Beschlusses.

Eine Anfechtung der Entscheidung des Beschwerdegerichts findet nicht statt.

[1] Anm. 4 zu § 66. [2] Anm. 1 zu § 169. [3] § 266 C.P.O.

5. Wirkung.

175. Sobald der Vergleich rechtskräftig bestätigt ist,[1] beschließt das Gericht die Aufhebung des Konkursverfahrens. Eine Anfechtung des Beschlusses findet nicht statt.

Der Beschluß und der Grund der Aufhebung sind öffentlich bekannt zu machen.[2]

Die Vorschriften der §§. 103 Abs. 2, 104, 106 finden entsprechende Anwendung.

[1] Vgl. auch § 178. [2] § 68.

176. Der Verwalter hat aus der Konkursmasse die Masseansprüche zu berichtigen. Die bestrittenen Masseansprüche sind sicher zu stellen.

Die bevorrechtigten Konkursforderungen sind, insoweit sie festgestellt sind, zu berichtigen, insoweit sie glaubhaft gemacht sind, sicher zu stellen.

[1] § 101 C.P.O. – Vor Aufhebung des Konkursverfahrens: nach derselben ist der Verwalter zu Rechtshandlungen in Ansehung der Masse, Fortführung schwebender Prozesse u. s. w., auch nicht bezüglich der Massegläubiger legitimirt. R.G. XXVII, 113.

177. Soweit der Zwangsvergleich nicht ein Anderes bestimmt, erhält der Gemeinschuldner das Recht zurück, über die Konkursmasse frei zu verfügen.[1]

[1] Vgl. Anm. 3 zu § 22.

178. Der rechtskräftig bestätigte Zwangsvergleich

ist wirksam für und gegen alle nicht bevorrechtigten Konkursgläubiger,[1] auch wenn dieselben an dem Konkursverfahren oder an der Beschlußfassung über den Vergleich nicht Theil genommen oder gegen den Vergleich gestimmt haben.[2] Die Rechte der Gläubiger gegen Mitschuldner[3] und Bürgen des Gemeinschuldners werden nicht berührt.

[1] Absonderungsberechtigte werden, soweit es sich um die Ausübung des Absonderungsrechts handelt, durch den Zwangsvergleich nicht berührt. § 3 Abs. 2. R.G. XXIII, 120. Ob die Annahme der Akkordrate als Verzicht auf die abgesonderte Befriedigung anzusehen sei, ist Auslegungsfrage. R.G. XVI, 70 Reichsgericht v. 19./11. 90 (Rassow u. Küntzel XXXV, 1167). Wegen Geltendmachung des persönlichen Anspruchs vgl. R.G. VI, 68, XXIII, 43.

[2] Ob der Gemeinschuldner vom Ersatz des Ausfalls der nicht bevorrechtigten Forderungen durch den Zwangsvergleich frei wird, richtet sich nach dessen Inhalt. Mot. 422. Vgl. Anm. 1 zu § 161.

[3] Dazu gehören auch dritte Personen, welche für eine Schuld des Gemeinschuldners Pfand bestellt haben. R.G. XXII, 331.

179. Aus dem rechtskräftig bestätigten Zwangsvergleiche findet für die Konkursgläubiger,[1] deren Forderungen festgestellt[2] und nicht von dem Gemeinschuldner in dem Prüfungstermine ausdrücklich bestritten worden sind,[3] gegen den Gemeinschuldner und diejenigen, welche in dem Vergleiche für dessen Erfüllung neben dem Gemeinschuldner ohne Vorbehalt der Einrede der Vorausklage Verpflichtungen übernommen haben, die Zwangsvollstreckung unter entsprechender Anwendung der §§. 662—701 der Civilprozeßordnung und des §. 152 Abs. 3 dieses Gesetzes statt.[4]

[1] Festgestellte Vorrechtsforderungen: § 152.

[2] §§ 132—134. Ist die Feststellung, wenn auch mit Unrecht, unterblieben, so findet die Zwangsvollstreckung nicht statt. R.G. XXII, 155.

[3] Für bestrittene Konkursforderungen muß zuvor ein vollstreckbarer Titel erzielt werden. Mot. 424. §§ 644, 702 C.P.O. § 132 Abs. 2.

[4] Mit der in Anm. 4 zu § 152 erwähnten vollstreckbaren Ausfertigung ist die mit dem Zeugniß der Rechtskraft versehene Ausfertigung des bestätigten Zwangsvergleichs zu verbinden.

180. Soweit die Leistungen aus dem Vergleiche noch nicht fällig sind, gewährt die Feststellung einer Konkursforderung, wenn nach den Landesgesetzen ein Urtheil den Anspruch auf eine Hypothek an dem unbeweglichen Vermögen des Schuldners begründet, den Anspruch auf eine solche nur im Falle eines Arrestgrundes.[1]

[1] § 797 C.P.O.

6. Aufhebung.

181. Eine Klage auf Aufhebung des Zwangsvergleichs aus dem Grunde der Nichterfüllung desselben findet nicht statt.[1]

[1] Auch wenn ein neuer Konkurs über das Vermögen des Gemeinschuldners eröffnet wird, bleibt der Zwangsvergleich bestehen. Mot. 430.

182. Wenn der Zwangsvergleich durch Betrug zu Stande gebracht ist, so kann jeder Gläubiger den vergleichsmäßigen Erlaß seiner Forderung anfechten, unbeschadet der ihm durch den Vergleich gewährten Rechte.

Die Anfechtung ist nur zulässig, wenn der Gläubiger ohne Verschulden außer Stande war, den Anfechtungsgrund in dem Bestätigungsverfahren geltend zu machen.

183. Die rechtskräftige Verurtheilung des Gemeinschuldners wegen betrüglichen Bankerutts[1] hebt für alle

Gläubiger den durch den Zwangsvergleich begründeten Erlaß auf, unbeschadet der ihnen durch den Vergleich gewährten Rechte.

Auf Antrag eines Gläubigers kann das Konkursgericht Sicherheitsmaßregeln [2] gegen den Gemeinschuldner schon vor der rechtskräftigen Verurtheilung desselben anordnen.

[1] § 209. — Vgl. §§ 162 Nr. 2, 172 Nr. 2.

[2] § 98. — Gebühr des Gerichts (2/10): § 58 G.K.G., des Anwalts (3/10): §§ 23, 58 G.O. f. R.A.

Wiederaufnahme des Konkursverfahrens.

184. Im Falle der rechtskräftigen Verurtheilung wird, wenn genügende Masse vorhanden ist,[1] das Konkursverfahren auf Antrag eines Konkursgläubigers wieder aufgenommen.

Die Wiederaufnahme erfolgt durch Beschluß des Gerichts.[2] Auf den Zeitpunkt der Wiederaufnahme und die Bekanntmachung derselben finden die Vorschriften der §§. 100, 103, 104, 106 entsprechende Anwendung.

[1] § 99.

[2] Gebühr des Gerichts (1): § 58 G.K.G.; wegen der Gebühr des Anwalts vgl. § 60 G.O. f. R.A.

185. Für die Anfechtung von Rechtshandlungen[1] welche in der Zeit von der Aufhebung bis zur Wiederaufnahme des Konkursverfahrens vorgenommen sind, sowie für die in diesem Zeitraume entstandenen Aufrechnungsbefugnisse[2] gilt, wenn nicht inzwischen eine Zahlungseinstellung erfolgt ist, als Tag der Zahlungseinstellung der Tag des ersten die Verurtheilung des Gemeinschuldners aussprechenden Urtheils.

[1] §§ 22—34. [2] §§ 48 Nr. 3, 49.

186. An dem aufgenommenen Verfahren nehmen die Gläubiger, für und gegen welche der Vergleich wirksam war, mit dem noch nicht getilgten Betrage ihrer ursprünglichen Forderungen Theil.[1]

Die neuen Gläubiger des Gemeinschuldners sind zur Theilnahme an dem Verfahren berechtigt. Dieselben haben keinen Anspruch auf Befriedigung aus einer für die Erfüllung des Zwangsvergleichs bestellten Sicherheit.[2]

[1] Das gesammte dem Gemeinschuldner zur Zeit der Wiederaufnahme gehörende Vermögen wird zur Masse gezogen.

[2] § 161.

187. Das Verfahren ist so weit als nöthig zu wiederholen.

Früher geprüfte Forderungen werden nur hinsichtlich einer inzwischen eingetretenen Tilgung von neuem geprüft.[1]

[1] Die inzwischen geleistete Zahlung wird auf den Betrag der ursprünglichen Forderung verrechnet. Mot. 430.

Siebenter Titel.

Einstellung des Verfahrens.

Bei Genossenschaften: § 109 Abs. 2 R.Ges. v. 1./5. 89 (R.G.B. 55).

188. Das Konkursverfahren ist auf Antrag des Gemeinschuldners einzustellen, wenn er nach dem Ablaufe der Anmeldefrist[1] die Zustimmung aller Konkursgläubiger, welche Forderungen angemeldet haben, beibringt. Inwieweit es der Zustimmung oder der Sicherstellung von Gläubigern bedarf, deren Forderungen angemeldet, aber nicht festgestellt sind, entscheidet das Konkursgericht nach freiem Ermessen.

Das Verfahren kann auf Antrag des Gemeinschuldners vor dem Ablaufe der Anmeldefrist eingestellt werden, wenn außer den Gläubigern, deren Zustimmung der Gemeinschuldner beibringt, andere Gläubiger nicht bekannt sind.

[1] § 126.

189. Der Antrag ist öffentlich bekannt zu machen[1] und mit den zustimmenden Erklärungen auf der Gerichtsschreiberei zur Einsicht der Konkursgläubiger niederzulegen. Die Konkursgläubiger können binnen einer mit der öffentlichen Bekanntmachung beginnenden Frist von einer Woche[2] Widerspruch gegen den Antrag erheben. Im Falle des §. 188 Abs. 1 steht der Widerspruch jedem Gläubiger zu, welcher bis zum Ablaufe der Frist eine Forderung angemeldet hat.

Das Gericht beschließt über die Einstellung nach Anhörung des Gemeinschuldners und des Verwalters. Im Falle eines Widerspruchs ist auch der widersprechende Gläubiger zu hören.

[1] § 68.

[2] Nach bewirkter Bekanntmachung. § 68 Abs. 1 Berechnung: § 200 C.P.O.

190. Das Gericht kann das Konkursverfahren einstellen, sobald sich ergiebt, daß eine den Kosten des Verfahrens entsprechende Konkursmasse nicht vorhanden ist.[1]

[1] § 99.

191. Der Einstellungsbeschluß und der Grund der Einstellung sind öffentlich bekannt zu machen.[1]

Die Vorschriften der §§. 103 Abs. 2, 104, 106 finden entsprechende Anwendung.

[1] § 69.

192. Der Gemeinschuldner erhält das Recht zurück, über die Konkursmasse frei zu verfügen.

Die Vorschriften des §. 152 finden entsprechende Anwendung.

Achter Titel.

Besondere Bestimmungen.

I. Handelsgesellschaften und Genossenschaften.

Vgl. auch § 6 E.G.

1. Aktiengesellschaft.

193. I. Ueber das Vermögen einer Aktiengesellschaft[1] findet das Konkursverfahren[2] außer dem Falle der Zahlungsunfähigkeit in dem Falle der Ueberschuldung[3] statt.

Nach Auflösung einer Aktiengesellschaft ist die Eröffnung des Verfahrens so lange zulässig, als die Vertheilung des Vermögens[4] nicht vollzogen ist.

[1] Art. 207 H.G.B. in der Fassung des § 1 R.Ges. v. 18./7. 84 (R.G.B. 145).

[2] Bei dem Gerichte des Orts, an welchem der Sitz der Gesellschaft ist. § 64. — § 19 C.P.O. Art. 202 Nr. 1, 213 Abs. 2, 244a H.G.B. in der Fassung des § 1 R.Ges. v. 18./7. 84 (R.G.B. 145). § 144 Abs. 2 H.G.B.

[3] Art. 239, 239b, 240, 185a, 185b, 185c, 249b Nr. 1, c, g H.G.B. in der Fassung des R.Ges. v. 18./7. 84 (R.G.B. 162).

[4] Art. 244, 244a, 245 H.G.B. in der Fassung des § 1 R.Ges. v. 18./7. 84 (R.G.B. 163).

194. Zu dem Antrage auf Eröffnung des Verfahrens ist außer den Konkursgläubigern jedes Mitglied des Vorstandes und jeder Liquidator[1] berechtigt.

Wird der Antrag nicht von allen Mitgliedern des Vorstandes oder allen Liquidatoren gestellt, so ist derselbe zuzulassen,[2] wenn die Zahlungsunfähigkeit oder Ueberschuldung glaubhaft[3] gemacht wird. Das Gericht hat die übrigen Mitglieder oder Liquidatoren nach Maßgabe des §. 97 Abs. 2, 3 zu hören.[4]

[1] Art. 227, 244 H.G.B. in der Fassung des § 1 R.Ges. v. 18./7. 84 (R.G.B. 163).

[2] Entsprechend wie Anm. 1 zu § 97. — Gebühr des Gerichts für die Versagung der Zulassung wie Anm. 3 zu § 97.

[3] § 266 C.P.O.

[4] Soweit die Gesellschaft im Konkursverfahren als Gemeinschuldnerin zu vertreten ist, liegt die Vertretung dem bisherigen Vorstand oder den Liquidatoren ob. Art. 244, 244a, 245 H.G.B. in der Fassung des § 1 R.Ges. v. 18./7. 84 (R.G.B. 163). Mot. 443. Pr. 117.

2. Genossenschaft.

[1] Die §§ 195—197 sowie das B.Ges. v. 4./7. 68 sind zufolge §§ 153, 172 R.Ges. v. 1./5. 89 (R.G.B. 55) seit dem 1. Oktober 1889 aufgehoben. Die besonderen Vorschriften über den Konkurs der Genossenschaften sind jetzt in den §§ 91—111, 116—119, 122—124, 134, 135 des R.Ges. v. 1./5. 89 enthalten.

195. Ueber das Vermögen einer eingetragenen Genossenschaft findet das Konkursverfahren außer dem Falle der Zahlungsunfähigkeit in dem Falle des §. 48 des Gesetzes betreffend die privatrechtliche Stellung der Erwerbs- und Wirthschafts-Genossenschaften, vom 4. Juli 1868 statt.

Die Vorschriften der §§. 193 Abs. 2, 194 finden entsprechende Anwendung.

196. Die Genossenschaft wird durch den Vorstand oder die Liquidatoren vertreten.

Ein Zwangsvergleich findet nicht statt.

197. Nach der Aufhebung des Konkursverfahrens sind die Konkursgläubiger, deren Forderungen festgestellt worden sind, berechtigt, wegen des in dem Verfahren erlittenen Ausfalls einschließlich der Zinsen und Kosten, die einzelnen ihnen solidarisch haftenden Genossenschafter in Anspruch zu nehmen. Den letzteren stehen Einwendungen nur gegen solche Forderungen zu, welche von dem Vorstande oder den Liquidatoren im Prüfungstermine ausdrücklich bestritten worden sind.

3. Offene Handelsgesellschaft, Kommanditgesellschaft, Kommanditgesellschaft auf Aktien.

198. Im Falle der Zahlungsunfähigkeit einer offenen Handelsgesellschaft,[1] einer Kommanditgesellschaft[2] oder einer Kommanditgesellschaft auf Aktien[3] findet über das Gesellschaftsvermögen[4] ein selbständiges Konkursverfahren statt.[5]

Die Vorschrift des §. 193 Abs. 3 findet entsprechende Anwendung.[6]

[1] Art. 85 H.G.B. [2] Art. 150 H.G.B.

[3] Art. 173 H.G.B. in der Fassung des § 1 R.Ges. v. 18./7. 84 (R.G.B. 123). [4] Art. 122, 169 H.G.B.

[5] Anm. 2 zu § 193. — Art. 86 Nr. 2, 111 Abs. 2, 144 Abs. 2, 151 Nr. 3, 164 Abs. 2, 172 H.G.B. Art. 175 Nr. 2, 177 Nr. 1 H.G.B. in der Fassung des § 1 R.Ges. v. 18./7. 84 (R.G.B. 127).

[6] Liquidation und Vertheilung: Art. 137 ff., 172 H.G.B. Art. 205 H.G.B. in der Fassung des § 1 R.Ges. v. 18./7. 84 (R.G.B. 143).

199. Zu dem Antrage auf Eröffnung des Verfahrens ist außer den Konkursgläubigern jeder persönlich haftende Gesellschafter und jeder Liquidator berechtigt.

Wird der Antrag nicht von allen persönlich haftenden Gesellschaftern oder allen Liquidatoren gestellt, so ist derselbe zuzulassen,[1] wenn die Zahlungsunfähigkeit der Gesellschaft glaubhaft[2] gemacht wird. Das Gericht hat die übrigen persönlich haftenden Gesellschafter oder Liquidatoren nach Maßgabe des § 97 Abs. 2, 3 zu hören.[3]

[1] Entsprechend wie Anm. 1 zu § 97. — Gebühr des Gerichts für die Versagung der Zulassung wie Anm. 3 zu § 97.

[2] § 266 C.P.O. [3] Anm. 4 zu § 194.

200. Ein Zwangsvergleich kann nur auf den Vorschlag aller persönlich haftenden Gesellschafter geschlossen werden.[1]

Der Zwangsvergleich begrenzt, soweit er nicht ein Anderes festsetzt, zugleich den Umfang der solidarischen Haftung der persönlich haftenden Gesellschafter mit ihrem sonstigen Vermögen.

[1] Die Zustimmung der Kommanditisten ist nicht erforderlich. Mot. 448.

201. Wenn Gesellschaftsgläubiger in einem über das Privatvermögen eines persönlich haftenden Gesellschafters eröffneten Konkursverfahren[1] ihre Befriedigung wegen des Ausfalls[2] suchen, welchen sie in dem Konkursverfahren über das Gesellschaftsvermögen erleiden, so sind bei den Vertheilungen[3] die Antheile auf den vollen Betrag der Gesellschaftsforderungen zurückzubehalten, bis der Ausfall bei dem Gesellschaftsvermögen feststeht.

Im übrigen finden auf die vorstehend bezeichneten Forderungen die Vorschriften der §§. 57,[4] 88, entsprechende Anwendung.

[1] Der Gesellschaftskonkurs zieht den Konkurs über das Privatvermögen der Gesellschafter nicht nothwendig nach sich. Mot. 450, 451. R.G. XI, 8. [2] Art. 122, 169 H.G.B.

[3] Auch bei der Schlußvertheilung. Mot. 452.

[4] Es kann auf die Geltendmachung der Forderung im Gesellschaftskonkurs verzichtet werden. Pr. 190—196.

II. Nachlaß.

[1] Vgl. auch § 15 Nr. 3 E.G. z. C.P.O. §§ 695, 696 C.P.O. Preußen: § 17 Ges. v. 28./3. 79 (Ges.Samml. 293). — Bayern: Art. 150—157 Ges. v. 23./2. 79 (Ges. u. Verord.Bl. 63). — Württemberg: Art. 9 Ges. v. 18./8. 79 (Reg.Bl. 208).

202. II. Für das Konkursverfahren über einen Nachlaß [1] ist das Amtsgericht ausschließlich zuständig, bei welchem der Erblasser zur Zeit seines Todes den allgemeinen Gerichtsstand [2] gehabt hat.

[1] Dies kann nur eröffnet werden, wenn der Erbe fehlt oder wenn er als Benefizialerbe haftet; vgl. Anm. 1 zu § 43. Es kann sich auf den ganzen Nachlaß oder auf den Antheil eines Erben erstrecken, sofern letzterer nach bürgerlichem Recht ein selbständiges Vermögen bildet. Mot. 452. Der Nachlaßkonkurs wird (nach preuß. Landrecht) dadurch nicht ausgeschlossen, daß einzelne der Miterben die Benefizialeigenschaft verloren haben. R.G. XXV, 36.

[2] §§ 13—18, 28 C.P.O.

203. Die Eröffnung des Verfahrens setzt die Ueberschuldung [1] des Nachlasses voraus.

[1] Für die Anfechtung auf Grund des § 23 ist auch hier der Zeitpunkt der Zahlungseinstellung maßgebend. R.G. XXV, 38.

204. Die Eröffnung des Verfahrens wird nicht dadurch gehindert, daß der Erbe noch eine Ueberlegungsfrist hat.

205. Zu dem Antrage auf Eröffnung des Verfahrens ist jeder Erbe oder Vertreter des Nachlasses und jeder Nachlaßgläubiger [1] berechtigt.

Wird der Antrag nicht von allen Erben oder Nachlaßvertretern gestellt, so ist derselbe zuzulassen, [2] wenn die Ueberschuldung glaubhaft [3] gemacht wird. Das Gericht hat die übrigen Erben oder Nachlaßvertreter nach Maßgabe des §. 97 Abs. 2, 3 zu hören. [4]

[1] Auch der nicht gemäß § 43 Absonderungsberechtigte. Mot. 455.

[2] Entsprechend wie Anm. 1 zu § 97. — Gebühr des Gerichts für die Versagung der Zulassung wie Anm. 3 zu § 97.

[3] § 266 C.P.O.

[4] Soweit das bürgerliche Recht den Erben die Kündigung der Verträge des Erblassers gestattet, ist dazu auch der Verwalter im Nachlaßkonkurse befugt, unabhängig von den Vorschriften der §§ 17 ff. R.G. XVIII, 269.

206. Ein Zwangsvergleich kann nur auf den Vorschlag aller Erben oder Nachlaßvertreter geschlossen werden.

III. Inländisches Vermögen ausländischer Schuldner.

207. III. Besitzt ein Schuldner, über dessen Vermögen im Auslande[1] ein Konkursverfahren eröffnet worden ist, Vermögensgegenstände im Inlande, so ist die Zwangsvollstreckung[2] in das inländische Vermögen[3] zulässig.[4]

Ausnahmen von dieser Bestimmung können unter Zustimmung des Bundesraths durch Anordnung des Reichskanzlers[5] getroffen werden.

[1] Vgl. Anm. 3 zu § 14 R.Ges. v. 10./7. 79, unten Seite 122.

[2] Und zur Vorbereitung desselben das Prozeßverfahren gegen den Schuldner. R.G. VI, 405, XIV, 409, 413, 425. Auch für ausländische Gläubiger. R.G. XIV, 408. Selbst wenn der Gemeinschuldner nach dem ausländischen Konkursrecht prozeßunfähig ist. § 53 C.P.O. R.G. XIV, 408. Vgl. § 24 C.P.O.

[3] Auch wenn dies nach dem ausländischen Konkursrecht in Folge der Konkurseröffnung nicht mehr als Eigenthum des Gemeinschuldners angesehen wird. R.G. XIV, 406.

[4] Ein im ausländischen Konkursverfahren geschlossener Zwangsvergleich ist ohne Wirkung für die aus dem inländischen Vermögen Befriedigung suchenden Gläubiger. R.G. XXI, 9.

[5] Vgl. auch Anm. 1 zu § 4 E.G.

208. Ein Konkursverfahren über das im Inlande befindliche Vermögen eines Schuldners, welcher im Deutschen Reiche keinen allgemeinen Gerichtsstand hat,[1] findet statt, wenn derselbe zum Betriebe einer Fabrik, einer Handlung oder eines anderen Gewerbes im Inlande eine

Niederlassung hat,[2] von welcher aus unmittelbar Geschäfte geschlossen werden.

Dasselbe gilt, wenn ein Schuldner, welcher im Deutschen Reiche keinen allgemeinen Gerichtsstand hat, im Inlande ein mit Wohn- und Wirthschaftsgebäuden versehenes Gut als Eigenthümer, Nutznießer oder Pächter bewirthschaftet.[3]

Für das Verfahren ist das Amtsgericht[4] ausschließlich zuständig, in dessen Bezirke die Niederlassung oder das Gut sich befindet.[5]

Ist im Auslande ein Konkursverfahren eröffnet, so bedarf es nicht des Nachweises der Zahlungsunfähigkeit zur Eröffnung des inländischen Verfahrens.[6]

[1] §§ 13—19 C.P.O. — Vgl. Anm. 3 zu § 14 R.Ges. v. 10./7. 79 unten Seite 122.

[2] § 22 Abs. 1 C.P.O. [3] § 22 Abs. 2 C.P.O.

[4] Anm. 1 zu § 64.

[5] Auch ausländische Gläubiger können am Verfahren theilnehmen. R.G. XXI, 23.

[6] Bei der Beurtheilung der Frage, ob und wann eine allgemeine Zahlungseinstellung stattgefunden habe, kommt es nicht blos auf die Verhältnisse der im Inlande befindlichen Niederlassung, sondern auf das Verhalten des Schuldners im Ganzen an. R.G. XXI, 23

Drittes Buch.

Strafbestimmungen.

Vgl. § 3 Nr. 3, § 4 Abs. 2, § 5 Nr. 2 E.G. §§ 281—283 St.G.B § 2 Abs. 3 E.G. z. St.G.B.

Vor dem Inkrafttreten der K.O. begangene Handlungen: § 2 Abs. 2 St.G.B. — R.G. I, 191.

Zahlungsunfähigkeit ohne Zahlungseinstellung genügt in Ermangelung der Eröffnung des Konkursverfahrens zur Anwendung der §§ 209, 212 nicht. Anm. 1, 3 zu § 94. Dagegen genügt die Zahlungseinstellung selbst dann, wenn sie nicht in Zahlungsunfähigkeit ihren Grund hat. R.G. III, 294.

Reale Konkurrenz zwischen § 209 und § 210 kann bei derselben Zahlungseinstellung nicht vorkommen. R.G. VI, 97. Ebensowenig durch Verfehlung gegen mehrere Ziffern des § 209 oder des § 210. R.G. XI, 252, auch XXI, 387. Reale Konkurrenz bei gleichartigen Vergehungen in Bezug auf das Vermögen der offenen Handelsgesellschaft und das Privatvermögen eines Gesellschafters: R.G. XI, 8.

Die Zuwiderhandlungen gegen die §§ 209, 210 sind erst vollendet, wenn mit den daselbst unter Nr. 1—4 bzw. 1—6 angegebenen Handlungen und Unterlassungen die Zahlungseinstellung bzw. Konkurseröffnung zusammentrifft. Von diesem Zeitpunkt ab beginnt daher die Verjährung. R.G. III, 351 u. VII, 392. Die Zahlungseinstellung bezw. Konkurseröffnung kann den übrigen Thatbestandsmomenten vorgehen oder nachfolgen. R.G. XIV, 222. Die Zuwiderhandlung unterliegt dem inländischen Strafgesetz, wenn nur die Zahlungseinstellung bzw. Konkurseröffnung im Inlande erfolgt sind, die übrigen (vorangegangenen) Thatbestandsmomente dagegen im Auslande stattgefunden haben. R.G. XVI, 189.

209. Schuldner, welche ihre Zahlungen eingestellt haben, oder über deren Vermögen das Konkursverfahren eröffnet worden ist,[1] werden wegen betrüglichen Bankerutts mit Zuchthaus bestraft, wenn sie in der Absicht, ihre Gläubiger zu benachtheiligen,

1. Vermögensstücke verheimlicht oder bei Seite geschafft[2] haben,[3]
2. Schulden oder Rechtsgeschäfte anerkannt oder aufgestellt haben, welche ganz oder theilweise erdichtet sind,

3. Handelsbücher zu führen unterlassen haben, deren Führung ihnen gesetzlich oblag,[4] oder
4. ihre Handelsbücher vernichtet oder verheimlicht oder so geführt oder verändert haben, daß dieselben keine Uebersicht des Vermögenszustandes gewähren.

Sind mildernde Umstände vorhanden, so tritt Gefängnißstrafe nicht unter drei Monaten ein.

[1] Strafbarkeit des Versuchs vor erfolgter Zahlungseinstellung: R.G. XIII, 43.

[2] Auch bei Grundstücken denkbar. R.G. II, 118.

[3] Es sei denn, daß lediglich der Thatbestand des § 211 vorliegt. R.G. VI, 95.

[4] Art. 28, 10 H.G.B. Nach Auflösung des kaufmännischen Geschäfts besteht die Pflicht zur Buchführung fort, bis die im früheren Gewerbe eingegangenen Verbindlichkeiten gelöst sind. R.G. IV, 41

210. Schuldner, welche ihre Zahlungen eingestellt haben, oder über deren Vermögen das Konkursverfahren eröffnet worden ist, werden wegen einfachen Bankerutts mit Gefängniß bis zu zwei Jahren bestraft,[1] wenn sie

1. durch Aufwand,[2] Spiel[3] oder Differenzhandel[4] mit Waaren oder Börsenpapieren übermäßige Summen verbraucht haben oder schuldig geworden sind,[5]
2. Handelsbücher[6] zu führen unterlassen haben,[7] deren Führung ihnen gesetzlich oblag,[8] oder dieselben verheimlicht, vernichtet,[9] oder so unordentlich geführt haben, daß sie[10] keine Uebersicht ihres Vermögenszustandes gewähren,[11] oder
3. es gegen die Bestimmung des Handelsgesetzbuchs[12]

unterlassen haben,[13] die Bilanz ihres Vermögens in der vorgeschriebenen Zeit[14] zu ziehen.

[1] Beihülfe zum einfachen Bankerutt: R.G. XVI, 277.

[2] D. i. eine das Nothwendige oder Uebliche übersteigende Aufwendung. R.G. XV, 312. Auch wenn diese im geschäftlichen Interesse gemacht ist. R.G. VII, 91. — Dagegen die durch eine unglückliche Handelsspekulation herbeigeführte Vermögensminderung an sich nicht. R.G. XVI, 238.

[3] D. i. Spielvertrag im civilrechtlichen Sinne, nicht jedes gewagte Geschäft. R.G. XV, 278.

[4] D. i. auf Zeit gestelltes Kaufgeschäft. R.G. XV, 278, ohne Beschränkung auf klagbare Verpflichtungen. R.G. XXII, 12.

[5] Ein einmaliger Fall des Aufwands, Spiels oder Differenzhandels genügt. R.G. XIV, 224.

[6] Ohne wesentliche Abweichungen von der im Art. 32 H.G.B. vorgeschriebenen Form. R.G. XVII, 332.

[7] Bei unterlassener Führung einzelner Bücher, dann, wenn in Folge dessen die Uebersicht über den Vermögenszustand nicht aus den Büchern hervorgeht. R.G. XI, 144, 161.

[8] Anm. 4 zu § 209. Irrthum über die Verpflichtung zur Buchführung 2c. hebt die Strafbarkeit nicht auf. R.G. V, 409, VIII, 149.

[9] Auch wenn die Vernichtung erst nach Beendigung des Konkurses erfolgt? Verneint: R.G. IX, 135; bejaht: R.G. XI, 386. — Ein Kaufmann, welcher sein Geschäft aufgegeben und seine Handelsbücher vernichtet hat, später aber im Betriebe eines Geschäfts, für welches er Handelsbücher nicht zu führen brauchte, in Konkurs gerathen ist, kann nur bestraft werden, wenn dieser Konkurs mit Schulden aus dem ersten Geschäft zusammenhängt. R.G. XV, 65. — Die Strafbarkeit wird nicht dadurch ausgeschlossen, daß der Schuldner eine Abschrift des vermißten oder verheimlichten Handelsbuches vorlegt. R.G. XVI, 429.

[10] Zur Zeit der Zahlungseinstellung 2c. R.G. V, 416.

[11] D. h. an sich, für den Sachverständigen. Es genügt nicht, daß der Schuldner die Uebersicht daraus gewinnen kann. R.G. IV, 121.

[12] Art. 29. — Ein Kaufmann, der das von einer offenen Handelsgesellschaft betriebene Geschäft, an dem er als Gesellschafter be-

theiligt war, ganz erwirbt und von da an unter eigener Firma führt, hat die Eröffnungsbilanz zu ziehen. R.G. XVI, 55.

[13] Mangelhafte Bilanzziehung: R.G. XII, 82, XV, 174. — Mangel der Unterschrift der gezogenen Bilanz begründet die Strafbarkeit nicht. R.G. VIII, 425.

[14] Vor Ablauf des Jahres. R.G. II, 33. Zeitliches Zusammentreffen der Zahlungseinstellung ꝛc. mit jener Unterlassung wird hier nicht erfordert. R.G. VII, 393.

211[1]. Schuldner, welche ihre Zahlungen eingestellt haben, oder über deren Vermögen das Konkursverfahren eröffnet worden ist, werden mit Gefängniß bis zu zwei Jahren bestraft, wenn sie, obwohl sie ihre Zahlungsunfähigkeit kannten, einem Gläubiger[2] in der Absicht, ihn vor den übrigen Gläubigern[3] zu begünstigen[4], eine Sicherung oder Befriedigung[5] gewährt haben,[6] welche derselbe nicht oder nicht in der Art oder nicht zu der Zeit zu beanspruchen hatte.[7]

[1] Idealkonkurrenz mit § 288 St.G.B. R.G. XX, 215.

[2] Auch einem bedingt Berechtigten, z. B. Bürgen. R.G. XV, 90.

[3] Dazu gehören auch die absonderungsberechtigten Realgläubiger. R.G. XVI 403.

[4] Dies setzt das Bewußtsein voraus, die übrigen Gläubiger zu benachtheiligen. R.G. VII, 143.

[5] Aus dem der Zwangsvollstreckung unterliegenden Vermögen. R.G. VIII, 95.

[6] Direkt, oder zum Theil indirekt unter der vom Schuldner gewollten Vermittelung des Gläubigers und des Gerichts, R.G. IV, 65. Gewährung eines vollstreckbaren Titels nur, soweit sie den vom Schuldner gewollten Erfolg einer daraufhin geschehenen Pfändung hat. R.G. V, 119, XX, 302. Vgl. aber auch R.G. XVII, 222. R.G. XXIII, 16.

[7] Vgl. § 23 Nr. 2. — Der in Kenntniß der Zahlungseinstellung die Sicherung oder Befriedigung annehmende Gläubiger oder sein Bevollmächtigter ist darum allein nicht als Theilnehmer zu strafen.

R.G. II, 489, XX, 215. Doch kann sich auch der begünstigte Gläubiger der strafbaren Theilnahme schuldig machen. R.G. IV, 2, V, 276, 436, VIII, 93.

212. Mit Zuchthaus bis zu zehn Jahren wird bestraft, wer

1. im Interesse eines Schuldners, welcher seine Zahlungen eingestellt hat, oder über dessen Vermögen das Konkursverfahren eröffnet worden ist, Vermögensstücke desselben verheimlicht oder bei Seite geschafft hat,[1] oder
2. im Interesse eines solchen Schuldners, oder, um sich oder einem Anderen Vermögensvortheil zu verschaffen, in dem Verfahren erdichtete Forderungen im eigenen Namen oder durch vorgeschobene Personen geltend gemacht hat.[1]

Sind mildernde Umstände vorhanden, so tritt Gefängnißstrafe oder Geldstrafe bis zu sechstausend Mark ein.

[1] Unterschied von der Beihülfe zum Verbrechen des § 209 Nr. 1, 2: R.G. IX, 430. Idealkonkurrenz beider Vergehungen: R.G. XXI, 292.

213. Ein Gläubiger, welcher sich von dem Gemeinschuldner oder anderen Personen besondere Vortheile dafür hat gewähren oder versprechen lassen,[1] daß er bei den Abstimmungen der Konkursgläubiger in einem gewissen Sinne stimme, wird mit Geldstrafe bis zu dreitausend Mark oder mit Gefängniß bis zu einem Jahre bestraft.[2]

[1] Strafbare Theilnahme des versprechenden Gemeinschuldners: R.G. XII, 124.

[2] Das Versprechen 2c. ist civilrechtlich nichtig. § 168. R.G. XXV, 258.

214[1]. Die Strafvorschriften der §§. 209—211 finden gegen die Mitglieder des Vorstandes[2] einer Aktiengesellschaft[3] oder eingetragenen Genossenschaft[4] und gegen die Liquidatoren einer Handelsgesellschaft oder eingetragenen Genossenschaft, welche ihre Zahlungen eingestellt hat, oder über deren Vermögen das Konkursverfahren eröffnet worden ist, Anwendung, wenn sie in dieser Eigenschaft die mit Strafe bedrohten Handlungen begangen haben.[5]

[1] Vgl. auch § 6 E.G.

[2] Welche thatsächlich den Vorstand bilden. Mängel in der Wahl oder der rechtlichen Qualifikation der Vorstandsmitglieder sind unerheblich. R.G. XVI, 270.

[3] Vgl. auch § 249c Nr. 2 H.G.B. in der Fassung des § 1 R.Ges. v. 18./7. 84 (R.G.B. 167).

[4] Vgl. auch § 142 Nr. 2 R.Ges. v. 1./5. 89 (R.G.B. 55).

[5] Wegen Zuwiderhandlung gegen § 210 Nr. 2, 3 nur, soweit ihnen persönlich die Pflicht zur Buchführung und Bilanzziehung oblag. R.G. XII, 82.

III.

Nebengesetze.

a. Gesetz über die Konsulargerichtsbarkeit.

Vom 10. Juli 1879.*)

(R.G.B. von 1879 Nr. 26 S. 197—206.)

In Kraft getreten am 1. Oktober 1879. — § 48.

Vgl. § 24 B.Ges. v. 8./11. 67 (B.G.B. 137).

Instruktion zur Ausführung des Gesetzes über die Konsulargerichtsbarkeit. Vom 10./9. 79 (Centralblatt f. d. D. R. 575).

Hier sind nur diejenigen Bestimmungen, welche das Konkursverfahren berühren, abgedruckt.

Anwendbarkeit dieses Gesetzes auf die deutschen Schutzgebiete: §§ 2, 3 Nr. 1, 9 R.Ges. betr. die Rechsverhältnisse der deutschen Schutzgebiete, in der Fassung v. 19./3. 88 (R.G.B. 75). Für Neu-Guinea und die Salomons-Inseln: § 1 Verord. v. 5./6. 86 (R.G.B. 187), Verord. v. 11./1. 87 (R.G.B. 4), §§ 6, 7 Verord. v. 13./7. 88 (R.G.B. 222); für die Marschall-, Brown- und Providence-Inseln: §§ 1, 4 Verord. v. 13./9. 86 (R.G.B. 291) u. § 6 Verord. v. 7./2. 90 (R.G.B. 56); für Ost-Afrika: Verord. v. 18./11. 87 (R.G.B. 527) u. v. 1./1. 91 (R.G.B. 1); für Südwest-Afrika: Verord. v. 21./12. 87 (R.G.B. 535) u. v. 10./8. 90 (R.G.B. 171); für Kamerun und Togo: §§ 1, 4, 5, 8 Verord. v. 2./7. 88 (R.G.B. 211).

I. Allgemeine Bestimmungen.

12. Soweit dieses Gesetz nicht abweichende Vorschriften enthält,[1] ist für die durch das Gerichtsver-

*) Begr. = Begründung des Entwurfs eines Gesetzes über die Konsulargerichtsbarkeit. (Drucksachen des Deutschen Reichstags, 4. Legislatur-Periode, II. Session 1879, Nr. 70.)

fassungsgesetz und die Konkursordnung den Amtsgerichten zugewiesenen Sachen[2] der Konsul, für die den Schöffengerichten, sowie für die den Landgerichten in erster Instanz zugewiesenen Sachen das Konsulargericht zuständig.

Absatz 2 betrifft die nichtstreitige Gerichtsbarkeit.

[1] Insbesondere, soweit nicht durch Herkommen oder Staatsvertrag die Konsulargerichtsbarkeit Einschränkungen unterworfen ist. § 1. Begr. 18. Dies ist namentlich der Fall in Egypten; R.Ges. v. 30./3. 74 (R.G.B. 23); Verord. v. 23./12. 75 (R.G.B. 381); R.Ges. v. 5./6. 80 (R.G.B. 145). Verord. v. 23./12. 80 (R.G.B. 192). Ferner in Bosnien und der Herzegowina: R.Ges. v. 7./6. 80 (R.G.B. 146); Verord. v. 23./12. 80 (R.G.B. 191). In Tunis: R.Ges. v. 27./7. 83 (R.G.B. 263); Verord. v. 21./1. 84 (R.G.B. 9). — Wegen der Konsulargerichtsbarkeit in Samoa vgl. R.Ges. v. 6./7. 90 (R.G.B. 139) u. Verord. v. 29./10. 90 (R.G.B. 189).

[2] §§ 64, 115, 184, 208 K.O.

II. Verfahren in bürgerlichen Rechtsstreitigkeiten und Konkurssachen.

14. Auf bürgerliche Rechtsstreitigkeiten und auf Konkurssachen finden die Civilprozeßordnung und die Konkursordnung nebst ihren Einführungsgesetzen, sowie die landesgesetzlichen Vorschriften,[1] welche für die im §. 3 Absatz 1 bezeichneten preußischen Landestheile[2] zur Ausführung jener Reichsgesetze erlassen oder neben denselben in Geltung sind, nach Maßgabe der folgenden Bestimmungen ensprechende Anwendung.[3]

[1] Auch die materiell-rechtlichen Vorschriften der Konkursordnung gehen diesen landesgesetzlichen Vorschriften vor. R.G. XIV, 144.

[2] Das sind diejenigen, in denen das Allgemeine Landrecht Gesetzeskraft hat, im Sinne des § 16 Ges. v. 29./6. 65 (B.G.B. von 1867 S. 147); die Gebietstheile der Provinz Hannover, in denen das Allgemeine Landrecht Gesetzeskraft hat, sind nicht einbegriffen. Begr. 14,

[3] Ausland ist in Konsularsachen im Sinne des § 97 K.O. jedes dem Konsulargerichtsbezirk nicht angehörige Gebiet, im Sinne der §§ 207, 208 K.O. dagegen nur ein Gebiet, welches weder dem Deutschen Reich noch einem Konsulargerichtsbezirk angehört. Begr. 21.

18. Absatz 1 betrifft nur Civilprozesse.

Im Uebrigen ist in den vor dem Konsul oder dem Konsulargerichte verhandelten bürgerlichen Rechtsstreitigkeiten sowie in Konkurssachen[1] zur Verhandlung und Entscheidung über die Rechtsmittel der Beschwerde und der Berufung das Reichsgericht zuständig.[2]

Gegen die Entscheidungen des Reichsgerichts findet ein weiteres Rechtsmittel nicht statt.

[1] § 66 Abs. 3 K.O.

[2] Einsendung der Akten durch Vermittelung des Reichskanzlers Instr. zum § 18.

V. Schlußbestimmungen.

44. In den Rechtssachen, auf welche die Civilprozeßordnung, die Strafprozeßordnung oder die Konkursordnung Anwendung findet, gelten das Gerichtskostengesetz und die Gebührenordnungen für Gerichtsvollzieher, für Zeugen und Sachverständige, sowie für Rechtsanwälte.[1] [2] Satz 2 betrifft die nichtstreitige Gerichtsbarkeit.

Soweit die Gebühren der Rechtsanwälte durch Ortsgebrauch geregelt sind, kommt dieser zunächst zur Anwendung.

[1] Der Tarif v. 1./7. 72 (R.G.B. 247) findet auf die nach den Reichsprozeßgesetzen zu verhandelnden Sachen nicht Anwendung.

[2] Einziehung der Gebühren: Abs. 1 und 5 Instr. zu § 44.

45. Die Einrückung einer öffentlichen Bekanntmachung in den Reichs-Anzeiger[1] ist nicht erforderlich.

[1] §§ 103, 105, 151, 175, 184, 191 K.O.

46. Geldstrafen fließen zur Reichskasse.

b. Gesetz, betreffend die Anfechtung von Rechtshandlungen eines Schuldners außerhalb des Konkursverfahrens.

Vom 21. Juli 1879.*)

(R.G.B. von 1879, Nr. 30, S. 277—280.)

In Kraft getreten am 1. Oktober 1879. — § 14. § 1 E.G. z. K.O.

1.[1] Rechtshandlungen eines Schuldners[2] können außerhalb des Konkursverfahrens[3] zum Zwecke der Befriedigung eines Gläubigers als diesem gegenüber unwirksam[4] nach Maßgabe der folgenden Bestimmungen[5] angefochten werden.[6]

[1] § 22 K.O. und Anm. 1, 2 dazu. Voraussetzung ist jedoch hier eine Schädigung durch Minderung des Aktivvermögens; Eingehung von Verbindlichkeiten genügt für sich allein nicht. R.G. XXVII, 133.

[2] Anfechtung von Rechtshandlungen, welche die Gründer einer Aktiengesellschaft bei Abschluß des Gesellschaftsvertrages vorgenommen haben, gegenüber der Aktiengesellschaft: R.G. XXIV, 14.

[3] Sei es, daß der Konkurs nicht eröffnet ist, oder daß es sich während schwebenden Konkursverfahrens um die Befriedigung von Gläubigern handelt, welche außerhalb desselben zu erfolgen hat. Begr. 11. § 3 Abs. 2 K.O.

[4] Rechte dritter Personen, welche nicht angefochten haben, bleiben außer Betracht, auch wenn sie ebenfalls durch die Rechtshandlung verletzt sind. R.G. XXIV, 95.

[5] Durch Klage oder Einrede. §§ 5, 9.

[6] Die besonderen partikularrechtlichen Anfechtungsgründe sind aufgehoben. R.G. IX, 147. Vgl. § 14 Abs. 2.

---

*) Begr. = Begründung des Entwurfs eines Gesetzes, betreffend die Anfechtung von Rechtshandlungen eines Schuldners außerhalb des Konkursverfahrens (Drucksachen des Deutschen Reichstags, 4. Legislaturperiode, II. Session 1879, Nr. 115).

2. Zur Anfechtung ist jeder Gläubiger,[1] welcher einen vollstreckbaren Schuldtitel[2] erlangt hat[3] und dessen Forderung[4] fällig ist,[5] befugt, sofern die Zwangsvollstreckung in das Vermögen des Schuldners[6] zu einer vollständigen Befriedigung[7] des Gläubigers[8] nicht geführt hat oder anzunehmen ist, daß sie zu einer solchen nicht führen würde.

[1] Mag er persönlich oder dinglich berechtigt sein. Die abweichenden landesrechtlichen Bestimmungen für die Anfechtung im Vertheilungsverfahren der Zwangsvollstreckung und im Subhastationsverfahren sind aufgehoben. Begr. 14—16. R.G. XVII, 168.

[2] Die Eintragung einer im Konkursverfahren festgestellten und vom Gemeinschuldner nicht bestrittenen Forderung in die Tabelle ersetzt den vollstreckbaren Schuldtitel. § 152 K.O. R.G. XVI, 35.

[3] §§ 644, 702, 706 C.P.O. Jedoch § 5. Abgesehen von dem Einwande, daß die Erlangung des Schuldtitels auf einer Kollusion zwischen Gläubiger und Schuldner beruhe, stehen Einwendungen gegen den Anspruch dem Beklagten im Anfechtungsprozesse nur soweit zu, als sie dem Schuldner selbst zustehen. § 686 Abs. 2, 3, § 704 Abs. 2, § 705 Abs. 4 C.P.O. Begr. 13. Abweichend: R.G. VII, 188.

[4] Nur ein auf Zahlung einer Geldsumme gerichteter vollstreckbarer Anspruch berechtigt zur Anfechtung. R.G. XVIII, 145, XIX, 205. Es steht nicht entgegen, daß die Forderung erst nach der Rechtshandlung entstanden war. R.G. XV, 63, XXVI, 12.

[5] § 4.

[6] In sein gesammtes Vermögen. R.G. XII, 401. Bezw. wenn ihm nur eine bestimmte Sache haftet, in diese Sache. — Steht dem Gläubiger der Zugriff gegen das gesammte Vermögen des Schuldners zu, so muß der Versuch der Zwangsvollstreckung ein erschöpfender, auf die gesammten Vermögensobjekte einschl. sich darbietender Immobilien, gerichteter sein. R.G. XXII, 47.

[7] Besteht die Möglichkeit einer nur theilweisen Befriedigung, so ist der Gläubiger zur Anfechtung wegen seiner ganzen Forde-

rung befugt, und braucht nicht einen Theil seiner Forderung im Beitreibungswege einzuziehen. R.G. XXII, 48.

[8] Nämlich des Anfechtenden.

3. Anfechtbar sind:

1.[1] Rechtshandlungen, welche der Schuldner in der dem anderen Theile bekannten Absicht, seine Gläubiger[2] zu benachtheiligen, vorgenommen hat;[3]

2.[4] die in dem letzten Jahre vor der Rechtshängigkeit des Anfechtungsanspruchs[5] geschlossenen entgeltlichen Verträge des Schuldners

mit seinem Ehegatten, vor oder während der Ehe, mit seinen oder seines Ehegatten Verwandten in auf- und absteigender Linie, mit seinen oder seines Ehegatten voll- und halbbürtigen Geschwistern, oder mit dem Ehegatten einer dieser Personen,

sofern durch den Abschluß des Vertrages die Gläubiger des Schuldners benachtheiligt werden und der andere Theil nicht beweist, daß ihm zur Zeit des Vertragsabschlusses eine Absicht des Schuldners, die Gläubiger zu benachtheiligen, nicht bekannt war;

3.[6] die in dem letzten Jahre vor der Rechtshängigkeit des Anfechtungsanspruchs[5] von dem Schuldner vorgenommenen unentgeltlichen Verfügungen, sofern nicht dieselben gebräuchliche Gelegenheitsgeschenke zum Gegenstande hatten;

4.[7] die in den letzten zwei Jahren vor der Rechtshängigkeit des Anfechtungsanspruchs[5] von dem

Schuldner vorgenommenen unentgeltlichen Verfügungen zu Gunsten seines Ehegatten, sowie eine innerhalb dieses Zeitraums von ihm bewirkte Sicherstellung oder Rückgewähr eines Heirathsguts oder des gesetzlich in seine Verwaltung gekommenen Vermögens seiner Ehefrau, sofern er nicht zu der Sicherstellung oder Rückgewähr durch das Gesetz oder durch einen vor diesem Zeitraume geschlossenen Vertrag verpflichtet war.

[1] § 24 Nr. 1 K.O. und Anm. 1—5 dazu: ferner Anm. 1 zu § 1 dieses Ges.

[2] Nicht nothwendig gerade den anfechtenden Gläubiger. R.G. XXVI, 12.

[3] Verjährung: § 12.

[4] § 24 Nr. 2 K.O. und Anm. 3, 5, 6 dazu.

[5] §§ 235, 230, 254, 460, 461, 471, C.P.O. — § 4.

[6] § 25 Nr. 1 und Anm. 1—4 dazu.

[7] § 25 Nr. 2 und Anm. 2, 3, 5—8 dazu.

4. Hat der Gläubiger, bevor er einen vollstreckbaren Schuldtitel erlangt hatte oder seine Forderung fällig war, denjenigen, welchem gegenüber eine im § 3 Nr. 2 bis 4 bezeichnete Rechtshandlung vorgenommen ist,[1] von seiner Absicht, die Handlung anzufechten, durch Zustellung eines Schriftsatzes in Kenntniß gesetzt, so wird die Frist von dem Zeitpunkte der Zustellung zurückgerechnet, sofern schon zu dieser Zeit der Schuldner zahlungsunfähig[2] war und bis zum Ablaufe von zwei Jahren seit diesem Zeitpunkte der Anfechtungsanspruch rechtshängig[3] geworden ist.

[1] § 11 Abs. 3. [2] Anm. 1 zu § 94 K.O.

[3] Anm. 5 zu § 3. — Es genügt auch die Geltendmachung im

Wege der Einrede. Reichsgericht v. 21./4. 88 (Rassow u. Küntzel XXXII, 1164).

5. Die Erhebung des Anfechtungsanspruchs im Wege der Einrede[1] kann erfolgen, bevor ein vollstreckbarer Schuldtitel für die Forderung erlangt ist; der Gläubiger hat denselben jedoch vor der Entscheidung binnen einer von dem Gerichte zu bestimmenden Frist beizubringen.

[1] Anfechtung ist auch im Wege der Replik zulässig. R.G. XIX, 202.

6.[1] Die Anfechtung wird dadurch nicht ausgeschlossen, daß für die anzufechtende Rechtshandlung ein vollstreckbarer Schuldtitel erlangt, oder daß dieselbe durch Zwangsvollstreckung oder durch Vollziehung eines Arrestes erwirkt worden ist.

[1] § 28 K.O. und Anm. 1–3 dazu.

7.[1] Der Gläubiger kann, soweit es zu seiner Befriedigung erforderlich ist, beanspruchen, daß dasjenige, was durch die anfechtbare Handlung[2] aus dem Vermögen des Schuldners veräußert, weggegeben oder aufgegeben ist, als noch zu demselben gehörig von dem Empfänger[3] zurückgewährt werde.[4]

Der gutgläubige Empfänger einer unentgeltlichen Leistung[5] hat dieselbe nur soweit zurückzugewähren, als er durch sie bereichert ist.

[1] § 30 K.O. und Anm. 1–3 dazu.

[2] Der Beklagte hat das Recht, durch Befriedigung des Klägers wegen seiner Forderungen das Anfechtungsrecht zu beseitigen. Begr. 22.

[3] Ist eine Geldzahlung zu restituiren, so kann der Anfechtende auf Zahlung an ihn klagen. R.G. IX, 71, X, 10.

[4] Die Rückgewähr hat nur einmal zu erfolgen. Die Rückgewähr

an einen zur Anfechtung berechtigten Gläubiger befreit insoweit gegenüber allen Anfechtungsberechtigten. R.G. XXIV, 98.

[5] § 3 Nr. 3 u. 4. Im Falle des § 3 Nr. 1 u. 2 ist die Verpflichtung zur Rückgewähr des Weggegebenen oder Aufgegebenen nicht auf das Maß der Bereicherung beschränkt.

8. Wegen Erstattung einer Gegenleistung oder im Fall einer anfechtbaren Leistung wegen seiner Forderung kann der Empfänger sich nur an den Schuldner[1] halten.

[1] Er kann wegen der Gegenansprüche kein Retentionsrecht an der zurückzugewährenden Sache ausüben. Begr. 23. Dagegen lebt ein durch das angefochtene Rechtsgeschäft (Hingabe an Zahlungsstatt) beseitigtes Pfandrecht zugleich mit der Forderung wieder auf.

9. Erfolgt die Anfechtung im Wege der Klage,[1] so hat der Klagantrag bestimmt zu bezeichnen,[2] in welchem Umfange und in welcher Weise die Rückgewähr seitens des Empfängers bewirkt werden soll.[3]

[1] Werth des Streitgegenstandes nicht höher als der Betrag der beizutreibenden Forderung. R.G. VII, 394.

[2] Ein Mangel in dieser Beziehung ist von Amtswegen zu berücksichtigen. R.G. XXIII, 8.

[3] Z. B. daß der Beklagte verurtheilt werde, zur Befriedigung des Klägers wegen . . . Mark die Zwangsvollstreckung in die in seinem Besitze befindliche Sache geschehen zu lassen. Andere Fälle: Begr. 26. Vgl. auch Anm. 3 zu § 7. — Die blos auf Feststellung des Anfechtungsrechts gerichtete Klage ist unzulässig. R.G. XXIII, 6. — Das Recht auf vorzugsweise Befriedigung aus dem zurückzugewährenden Gegenstande beginnt erst mit der Pfändung. Begr. 22.

10. Liegt ein nur vorläufig vollstreckbarer Schuldtitel des Gläubigers oder ein unter Vorbehalt ergangenes Urtheil (Civilprozeßordnung §§. 502, 562) vor, so ist in dem den Anfechtungsanspruch für begründet erklärenden Urtheile die Vollstreckung desselben davon abhängig zu machen, daß die gegen den Schuldner ergangene Entscheidung rechtskräftig oder vorbehaltlos wird.

11.[1] Die gegen den Erblasser begründete Anfechtung findet gegen den Erben statt.

Gegen einen anderen Rechtsnachfolger[2] desjenigen, welchem gegenüber die anfechtbare Handlung vorgenommen ist, findet die gegen den letzteren begründete Anfechtung statt:

1. wenn ihm zur Zeit seines Erwerbes bekannt war, daß der Schuldner die Rechtshandlung in der Absicht vorgenommen hatte, seine Gläubiger zu benachtheiligen;
2. wenn er zu den im §. 3 Nr. 2 genannten Personen gehört und nicht beweist, daß er zur Zeit seines Erwerbes von den Umständen, welche die Anfechtung gegen den Rechtsvorgänger begründen, keine Kenntniß hatte.

Zur Erstreckung der Fristen in Gemäßheit des §. 4 genügt die Zustellung des Schriftsatzes an den Rechtsnachfolger,[3] gegen welchen der Anfechtungsanspruch erhoben wird.

[1] § 33 K.O. und Anm. 1—6 dazu.

[2] Der Abs. 2 findet auch Anwendung, wenn der ursprüngliche Schuldner (z. B. durch Erlangung von Rechten an der veräußerten Sache) selbst wieder Rechtsnachfolger dessen geworden ist, dem gegenüber die anfechtbare Handlung vorgenommen ist. R.G. XXV, 412.

[3] Die Zustellung an den Vertragsgenossen des Schuldners ist nicht erforderlich und genügt allein nicht dem Rechtsnachfolger gegenüber. Begr. 27.

12.[1] Das Anfechtungsrecht auf Grund des §. 3 Nr. 1 verjährt in zehn Jahren seit dem Zeitpunkte, mit welchem der Gläubiger den vollstreckbaren Schuldtitel erlangt hatte und seine Forderung fällig war, wenn aber die Rechtshandlung nach diesem Zeitpunkte vorgenommen ist, erst seit der Vornahme der Handlung.

[1] § 34 K.O. und Anm. 1 dazu.

13. Wird über das Vermögen des Schuldners das Konkursverfahren eröffnet, so steht die Verfolgung der von Konkursgläubigern erhobenen Anfechtungsansprüche dem Konkursverwalter zu.[1] Aus dem Erstrittenen sind dem Gläubiger die Prozeßkosten vorweg zu erstatten.

Ist das Verfahren über den Anfechtungsanspruch noch rechtshängig,[2] so wird dasselbe unterbrochen. Im Fall einer Verzögerung der Aufnahme kommen die Bestimmungen der Civilprozeßordnung §. 217 zur entsprechenden Anwendung. Der Konkursverwalter kann den Anspruch nach den Vorschriften der Konkursordnung §§. 30 bis 32, 34 in Gemäßheit der §§. 240, 491 der Civilprozeßordnung erweitern.[3] Lehnt der Verwalter die Aufnahme des Rechtsstreits ab,[4] so kann derselbe rücksichtlich der Prozeßkosten von jeder Partei aufgenommen werden. Durch die Ablehnung der Aufnahme wird die Befugniß des Verwalters, nach den Vorschriften der Konkursordnung das Anfechtungsrecht auszuüben,[5] nicht ausgeschlossen.

Soweit der Gläubiger aus dem Zurückzugewährenden eine Sicherung oder Befriedigung erlangt hatte, finden auf die Anfechtung derselben die Vorschriften des §. 23 Nr. 1 der Konkursordnung entsprechende Anwendung.

Nach der Beendigung des Konkursverfahrens können

Anfechtungsrechte, deren Ausübung dem Konkursverwalter zustand, von den einzelnen Gläubigern nach Maßgabe dieses Gesetzes verfolgt werden, soweit nicht dem Anspruch entgegenstehende Einreden gegen den Verwalter erlangt sind.[6] War der Anspruch nicht schon zur Zeit der Eröffnung des Konkursverfahrens rechtshängig, so wird die im §. 3 Nr. 2 bis 4 bestimmte Frist von diesem Zeitpunkte berechnet, sofern die Rechtshängigkeit bis zum Ablauf eines Jahres seit der Beendigung des Konkursverfahrens eintritt.

Rechtshandlungen, welche der Gemeinschuldner rücksichtlich seines nicht zur Konkursmasse gehörigen Vermögens[7] vorgenommen hat, können von den Konkursgläubigern auch während des Konkursverfahrens nach Maßgabe dieses Gesetzes angefochten werden.[8]

[1] § 29 K.O.; nicht dem Anfechtungskläger. §§ 10—12 K.O.

[2] War es schon rechtskräftig zu Gunsten des Anfechtungsklägers entschieden, so kann der Konkursverwalter gemäß §§ 665, 666 C.P.O. eine vollstreckbare Ausfertigung verlangen und die Zwangsvollstreckung betreiben. Begr. 30.

[3] Für die Voraussetzungen des Anspruchs bleiben die Vorschriften dieses Gesetzes maßgebend. Begr. 28.

[4] § 121 Nr. 2 K.O.

[5] Unter den Voraussetzungen der K.O.

[6] Voraussetzungen und Inhalt des Anspruchs richten sich nach den Vorschriften des Gesetzes.

[7] §§ 1—3 K.O. [8] Ausnahme von § 11 K.O.

14. Dieses Gesetz tritt im ganzen Umfange des Reichs gleichzeitig mit der Konkursordnung in Kraft.

Dasselbe findet auch auf die vor diesem Zeitpunkte vorgenommenen Rechtshandlungen Anwendung,[1] sofern sie nicht nach den Vorschriften der bisherigen Gesetze der Anfechtung entzogen oder in geringerem Umfange unterworfen sind.

Ist der Anfechtungsanspruch zur Zeit des Inkrafttretens dieses Gesetzes rechtshängig, so bleiben für die Entscheidung des Rechtsstreits die Vorschriften der bisherigen Gesetze maßgebend.

[1] Insoweit dies der Fall ist, sind auch die früheren Beweisvermuthungen beseitigt. R.G. IV, 33.

Sachregister.

E. bedeutet Einführungsgesetz.
K. „ Konkursordnung.
N. „ Nebengesetze.

Die arabischen Zahlen bezeichnen die Paragraphen.

A.

B.

C.

D.

E.

F.

G.

H.

J.

K.

L.

M.

N.

O.

P.

Q.

R.

S.

T.

U.

V.

W.

Z.

Pierer'sche Hofbuchdruckerei. Stephan Geibel & Co. in Altenburg.

16. **Rechtsanwaltsordnung für das Deutsche Reich.** Von R. Sydow. Dritte Auflage. 60 Pf.
17. **Gebührenordnung für Rechtsanwälte.** Von R. Sydow. Vierte Auflage. 60 Pf.
18. **Gesetz, betreffend die Reichsstempelabgaben** in der Fassung des Gesetzes vom 29. Mai 1885 (Börsensteuergesetz). Von B. Gaupp. 5. Auflage. 2 Mark 50 Pf.
19. **Die Seegesetzgebung des Deutschen Reiches.** Von Dr. jur. W. E. Knitschky. 3 Mark.
20. **Krankenversicherungsgesetz vom 15. Juni 1883** in der Fassung der Novelle vom 10. April 1892. Von E. v. Woedtke. Fünfte Auflage. 2 Mark.
21. **Die Konsulargesetzgebung des Deutschen Reiches** Von Dr. Ph. Zorn. 4 Mark.
22. **Patentgesetz. Gesetz, betr. den Schutz von Gebrauchsmustern. Gesetz über Muster- und Modellschutz. Gesetz über Markenschutz.** Von Berger. Dritte Aufl. 1 M. 25 Pf.
23. **Unfallversicherungsgesetz** und **Gesetz über die Ausdehnung der Unfall- und Krankenversicherung.** Von E. von Woedtke. Vierte Auflage. 2 Mark.
24. **Reichsgesetz, betreffend die Kommanditgesellschaften auf Aktien und die Aktiengesellschaften.** Von H. Keyßner und Dr. H. V. Simon. Dritte Auflage. 1 Mark.
25. **Gesetz wegen Erhebung der Brausteuer** vom 31. Mai 1872. Von E. Bertho. 1 Mark 60 Pf.
26. **Die Reichsgesetzgebung über Münz- und Bankwesen, Papiergeld, Prämienpapiere und Reichsanleihen.** Von Dr. R. Koch. Zweite Auflage. 2 Mark 40 Pf.
27. **Die Gesetzgebung betr. d. Gesundheitswesen im D. Reich.** Von Dr. jur. C. Goesch und Dr. med. J. Karsten. 1 Mark 60 Pf.
28. **Gesetz, betreffend die Unfallversicherung der bei Bauten beschäftigten Personen.** Von Leo Mugdan. 1 Mark 25 Pf.
29. **Gesetz, betreffend die Erwerbs- und Wirthschaftsgenossenschaften.** Von L. Parisius. 5. Auflage. 1 Mark 25 Pf.
30. **Gesetz, betreffend die Invaliditäts- und Altersversicherung der Arbeiter.** Von E. von Woedtke. 4. Auflage. 2 Mark.
31. **Reichsgesetz, betr. die Gewerbegerichte.** Vom 29. Juli 1890. Von L. Mugdan. Dritte Auflage. 1 Mark 50 Pf.
32. **Reichsgesetz, betreffend die Gesellschaften mit beschränkter Haftung.** Von L. Parisius. 1 Mark.
33. **Das Vereins- und Versammlungsrecht in Deutschland.** Von E. Ball. In Vorbereitung.

FSC
www.fsc.org
MIX
Papier | Fördert gute Waldnutzung
FSC® C083411

Kolibri 360 GmbH
Ferdinand-Jühlke-Straße 7
99095 Erfurt, Deutschland
produktsicherheit@kolibri360.de